FEDERALISMO E GUERRA FISCAL DO ICMS

"Cortesia com chapéu alheio"

ESTEVÃO HORVATH
HENDRICK PINHEIRO

FEDERALISMO E GUERRA FISCAL DO ICMS

"Cortesia com chapéu alheio"

Belo Horizonte

2022

© 2022 Editora Fórum Ltda.

É proibida a reprodução total ou parcial desta obra, por qualquer meio eletrônico, inclusive por processos xerográficos, sem autorização expressa do Editor.

Conselho Editorial

Adilson Abreu Dallari
Alécia Paolucci Nogueira Bicalho
Alexandre Coutinho Pagliarini
André Ramos Tavares
Carlos Ayres Britto
Carlos Mário da Silva Velloso
Cármen Lúcia Antunes Rocha
Cesar Augusto Guimarães Pereira
Clovis Beznos
Cristiana Fortini
Dinorá Adelaide Musetti Grotti
Diogo de Figueiredo Moreira Neto (*in memoriam*)
Egon Bockmann Moreira
Emerson Gabardo
Fabrício Motta
Fernando Rossi
Flávio Henrique Unes Pereira

Floriano de Azevedo Marques Neto
Gustavo Justino de Oliveira
Inês Virgínia Prado Soares
Jorge Ulisses Jacoby Fernandes
Juarez Freitas
Luciano Ferraz
Lúcio Delfino
Marcia Carla Pereira Ribeiro
Márcio Cammarosano
Marcos Ehrhardt Jr.
Maria Sylvia Zanella Di Pietro
Ney José de Freitas
Oswaldo Othon de Pontes Saraiva Filho
Paulo Modesto
Romeu Felipe Bacellar Filho
Sérgio Guerra
Walber de Moura Agra

FÓRUM
CONHECIMENTO JURÍDICO

Luís Cláudio Rodrigues Ferreira
Presidente e Editor

Coordenação editorial: Leonardo Eustáquio Siqueira Araújo
Aline Sobreira de Oliveira

Rua Paulo Ribeiro Bastos, 211 – Jardim Atlântico – CEP 31710-430
Belo Horizonte – Minas Gerais – Tel.: (31) 2121.4900
www.editoraforum.com.br – editoraforum@editoraforum.com.br

Técnica. Empenho. Zelo. Esses foram alguns dos cuidados aplicados na edição desta obra. No entanto, podem ocorrer erros de impressão, digitação ou mesmo restar alguma dúvida conceitual. Caso se constate algo assim, solicitamos a gentileza de nos comunicar através do *e-mail* editorial@editoraforum.com.br para que possamos esclarecer, no que couber. A sua contribuição é muito importante para mantermos a excelência editorial. A Editora Fórum agradece a sua contribuição.

Dados Internacionais de Catalogação na Publicação (CIP) de acordo com ISBD

H823f	Horvath, Estevão
	Federalismo e Guerra Fiscal do ICMS: cortesia com chapéu alheio / Estevão Horvath, Hendrick Pinheiro. - Belo Horizonte : Fórum, 2022.
	120 p. ; 14,5cm x 21,5cm.
	ISBN: 978-65-5518-400-6
	1. Direito. 2. Direito Financeiro. 3. Direito Tributário. 4. Direito Constitucional. I. Título.
	CDD: 343.8103
	CDU: 351.72
2022-1434	

Elaborado por Vagner Rodolfo da Silva – CRB-8/9410

Informação bibliográfica deste livro, conforme a NBR 6023:2018 da Associação Brasileira de Normas Técnicas (ABNT):

HORVATH, Estevão; PINHEIRO, Hendrick. *Federalismo e Guerra Fiscal do ICMS*: cortesia com chapéu alheio. Belo Horizonte: Fórum, 2022. 120 p. ISBN 978-65-5518-400-6.

Obra dedicada à Geraldo Ataliba, mestre de todos nós, que sempre ressaltou a importância de se compreender a tributação, não como algo apartado, mas como elemento diretamente relacionado a temas de Direito Financeiro, como o federalismo e orçamento público.

SUMÁRIO

INTRODUÇÃO 9

CAPÍTULO 1
FEDERALISMO COOPERATIVO E A SUA TUTELA 13

1.1   Autonomia financeira e autonomia política 21

1.2   Responsabilidade civil do Estado por atos legislativos 27

1.3   O STF e a tutela da autonomia dos entes federados 34

1.4   Conclusão parcial 39

CAPÍTULO 2
"CORTESIA COM CHAPÉU ALHEIO": INCENTIVOS FISCAIS E
REPARTIÇÃO DE RECEITAS 43

2.1   Repartição de receitas e federalismo fiscal 44

2.2   Incentivos fiscais e renúncia de receias 50

2.3   Recurso Extraordinário nº 572.762/SC: Tese 42 56

2.4   Recurso Extraordinário nº 705.423/SE: Tese 653 59

2.5   Ação Civil Originária nº 758/SE 63

2.6   Uma compreensão do posicionamento atual do STF e seus
limites 66

2.7   Conclusão parcial 69

CAPÍTULO 3
SEGURANÇA JURÍDICA, GUERRA FISCAL E A LC 160/2017 73

3.1   Segurança jurídica e estabilidade das relações 74

3.1.1   Proteção da confiança legítima 77

3.2   Guerra Fiscal: origens e consequências para o federalismo
brasileiro 80

3.3   Convênios e a legalidade dos benefícios fiscais de ICMS 87

3.4   LC nº 160/2017: O reconhecimento legislativo da ilegalidade
dos incentivos unilaterais 92

3.5   Conclusão parcial 97

CONCLUSÃO 103

REFERÊNCIAS 107

INTRODUÇÃO

A concessão de incentivos tributários a partir de exações cujo produto da arrecadação é partilhado entre diferentes entes federativos gerou um fenômeno que passou a ser conhecido como "cortesia com chapéu alheio". É uma discussão que permeia o debate acadêmico e jurisprudencial, tendo ganhado mais destaque desde o julgamento do Recurso Extraordinário nº 572.762/SC pelo Supremo Tribunal Federal (STF).

Embora alguns bons trabalhos já tenham sido desenvolvidos abordando o tema sob diferentes perspectivas, as questões relacionando seu impacto nas relações federativas que se desenrolam no contexto da Guerra Fiscal do ICMS permanecem pouco exploradas no cenário jurídico brasileiro.

A Guerra Fiscal é uma manifestação do desequilíbrio das relações entre os entes federados no Brasil. Com ela, perde a federação como um todo com a proliferação da discórdia entre as unidades autônomas. Mesmo quando novos investimentos são atraídos em decorrência de programas de incentivo ilegais, aqueles Estados-membros que concederam os benefícios se veem pressionados a estendê-los também para agentes econômicos já instalados, o que acaba por reduzir a arrecadação para patamares inferiores aos experimentados antes de sua implementação.[1]

Além do risco de redução da arrecadação decorrente da pressão de setores já instalados, o estabelecimento de novas atividades econômicas em consequência dos incentivos concedidos no contexto da

---

[1] VARSANO, Ricardo. Guerra Fiscal do ICMS: quem ganha e quem perde. *Planejamento e Políticas Públicas*, nº 15, 2009. Disponível em: http://www.ipea.gov.br/ppp/index.php/PPP/article/view/127. Acesso em: 2 nov. 2021.

Guerra Fiscal pode acarretar o aumento da despesa pública, decorrente da necessidade de financiamento de medidas para amenizar as externalidades negativas dos investimentos emergentes.[2] Ou seja, embora alguns autores reputem que esses incentivos para atração de investimentos tenham "custo zero" aos entes que os concedem, uma vez que a renúncia teria como alvo uma receita futura que não existia anteriormente,[3] esse pensamento não passa de uma ilusão.

Para se ter uma ideia do impacto da Guerra Fiscal no orçamento dos Estados, um estudo, que confrontou dados da renúncia de receita estimada com o total da receita corrente a partir das Leis de Diretrizes Orçamentárias dos Estados e do Distrito Federal, constatou que, no Estado de Goiás, campeão na concessão de benefícios, os programas de incentivos implicaram uma perda de 36,1% de receitas próprias para o exercício de 2018. O Estado do Amazonas, segundo colocado, teria renunciado a 32,6% das receitas de ICMS potencialmente disponíveis também para o exercício de 2018.[4]

Ainda que se aceite que os Estados-membros que instituíram programas de incentivo tributário no contexto da Guerra Fiscal de ICMS tenham colhido resultados positivos, que podem ter reverberado positivamente para seus Municípios, pensar a ideia de "cortesia com chapéu alheio" implica aceitar que o financiamento dessa política também foi repartido com as municipalidades, dado que sofreram uma redução no volume de receitas que lhes seriam transferidas. O impacto negativo nas finanças municipais é um fato; todavia, resta saber se cabe aos entes municipais arcar com o custo indireto de uma política que não escolheram democraticamente implementar.

Os fenômenos da "Guerra Fiscal do ICMS" e da "cortesia com chapéu alheio" guardam íntimas relações. Trata-se de uma tensão federativa entre a necessidade de garantia da autonomia política dos

---

[2] BEVILACQUA, Lucas. *Incentivos fiscais de ICMS e desenvolvimento regional*. São Paulo: Quartier Latin, 2013, p. 179-181.

[3] MARTINS, Ives Gandra da Silva. Política municipal de incentivos fiscais e financeiros: limites da Constituição e da Lei de Responsabilidade Fiscal: autonomia financeira, administrativa e política das unidades federativas. *Revista Dialética de Direito Tributário*, n. 186, p. 126-143, mar. 2011, p. 129-131.

[4] AFONSO, José Roberto Rodrigues; FUCK, Luciano Felício; CORREIA NETO, Celso de Barros; SZELBRACIKOWSKI, Daniel Corrêa. Guerra Fiscal de ICMS: organizar o desembarque. *Revista de Direito Internacional, Econômico e Tributário*. Brasília, v. 12, n. 1, p. 416-442, jan./jun. 2017, p. 429.

Estados-membros e de proteção da autonomia financeira dos Municípios afetados.

A proposta desenvolvida neste livro tem o objetivo mais amplo de ajudar a entender o alcance e as limitações dos argumentos deduzidos pelo STF no julgamento das ações sobre o tema da "cortesia com chapéu alheio", para compreender como eles podem afetar os pleitos dos Municípios para a reparação das perdas arrecadatórias emergentes da Guerra Fiscal de ICMS.

Para que se possa produzir uma correlação consistente entre esses dois fenômenos, propõe-se um estudo interdisciplinar, que relaciona temas de Teoria Geral do Estado, Direito Constitucional, Direito Financeiro e Direito Tributário. A articulação de conceitos dessas diferentes áreas buscará apresentar e enfrentar os diferentes ângulos do problema.

O texto retoma conceitos de grande relevância sobre o federalismo fiscal brasileiro, com vistas a reconstruir, no primeiro capítulo, as relações entre autonomia política e autonomia financeira, bem como o papel do Supremo Tribunal Federal no arbitramento de conflitos federativos.

O segundo capítulo tem como foco a estrutura constitucional de repartição de receitas e os limites reconhecidos pelo Supremo Tribunal Federal para que os entes federativos brasileiros exerçam sua competência para a instituição de programas de incentivo tributário. Nele são propostas algumas balizas a partir das quais é possível reconhecer quando determinado ente, destinatário constitucional de parcela da arrecadação, é obrigado a arcar com parte da renúncia de receitas decorrente de programas de incentivos tributários instituídos pelo titular da competência tributária ou, por outro lado, quando esse impacto se converte em atuação ilícita que acarreta o dever de indenizar.

A Guerra Fiscal é o tema do capítulo três, com ênfase nos incentivos unilaterais de ICMS. Os critérios propostos no capítulo anterior são testados, em uma articulação entre as consequências tributárias dos incentivos inconstitucionais e os seus impactos financeiros nas regras de repartição de receitas.

Cada capítulo conta com uma conclusão parcial, que sumariza e concatena as reflexões sobre os pontos abordados. Ao final, é proposta uma conclusão sucinta que retoma pontos importantes da argumentação desenvolvida no trabalho e propõe outras visões deduzidas a partir das premissas revisadas.

O trabalho é resultado de uma pesquisa qualitativa, desenvolvida a partir de uma revisão bibliográfica dogmática, realizada primordialmente sobre textos legislativos brasileiros, decisões da jurisprudência nacional e trabalhos da doutrina nacional, com recurso pontual a lições de comentadores estrangeiros.

CAPÍTULO 1

FEDERALISMO COOPERATIVO
E A SUA TUTELA

Na origem da discussão sobre o fenômeno da "cortesia com chapéu alheio" está a natureza federativa do Estado brasileiro. Não é demais lembrar que a federação é uma *associação*, ou, como assenta Roque Antonio Carrazza, a "união institucional de Estados, que dá lugar a outro Estado".[5] Os Estados federados existentes são diferentes entre si, mas, certamente, todos guardam algumas características comuns.[6] A *independência* e a *autonomia* das unidades federadas, por exemplo, são características que os definem.[7] Também é marcante nos Estados que adotam esta forma de organização a possibilidade de

---

[5] CARRAZZA, Roque Antonio. Princípio federativo e tributação. *Iustitia*, v. 47, n. 130, p. 162-180, jul./set. 1985, p. 164.

[6] Existem mais de duas dúzias de países no mundo que adotam o sistema federativo, uma amostra que reúne mais de 40% da população mundial. Suas características são as mais diversas: alguns estendem-se por uma larga extensão territorial (Canadá, Estados Unidos, Brasil, Austrália), outros concentram grandes populações (Índia, Paquistão, Nigéria) e outros são formados por conjuntos insulares (Comores e Micronésia) (ANDERSON, George. *Fiscal Federalism*: a comparative introduction. Oxford: Oxford University Press, 2009, p. 1).

[7] Sobre o tema, Augusto Zimmermann destaca que: "os primeiros sistemas federalistas emergiram diante do surgimento de um conjunto de regimes estabelecidos que visavam preservar suas identidades independentes e, em alguma medida, sua autonomia. Alguns recursos são comuns à maioria, senão a todos, os sistemas federalistas: distribuição dos poderes entre governo central e local; existência de uma Constituição escrita e rígida; um poder independente e imparcial capaz de decidir disputas entre esses diferentes níveis de governo; e a existência de representação de visões regionais dentro do governo central." (ZIMMERMANN, Augusto. Federação: conceito e características. *In:* ALVIM, Eduardo Arruda; LEITE, George Salomão; STRECK, Lênio. *Curso de direito constitucional*. Florianópolis: Tirant lo Blanch, 2018, p. 465-478, p. 465).

participação dos entes descentralizados na formação da ordem jurídica total, invocando-se um discurso kelseniano.[8] A adoção do modelo federativo representa uma espécie de descentralização geográfica do exercício do poder.[9]

Na perspectiva econômica, a descentralização está associada à função alocativa do Estado.[10] Na busca pela forma mais eficiente para definir os bens e serviços que serão fornecidos de forma centralizada ou descentralizada, existem boas razões para que entes centrais se ocupem de tarefas como a estabilização econômica e o controle monetário, enquanto governos locais têm sua atividade centrada em políticas de alcance territorial e efeitos distributivos concentrados a uma parcela específica do território.[11]

Juridicamente, a repartição dessas funções no Estado federado é realizada por meio do estabelecimento de esferas de competência, que circunscrevem a capacidade dos entes descentralizados de produzirem normas jurídicas.[12] Dentro de cada uma delas, os entes federados são senhores e não podem ser turbados no desenvolvimento de suas atribuições.

O modelo federalista de Estado foi adotado no Brasil com a Constituição Republicana de 1891.[13] É importante destacar que esse pro-

---

[8] Como pontua Luís Fernando de Souza Neves, "o federalismo tem como traço marcante a participação da vontade das ordens jurídicas parciais na vontade criadora da ordem constitucional nacional." (NEVES, Luís Fernando de Souza. *Cofins*. São Paulo: Max Limonad, 1997, p. 47).

[9] VELLOSO, Carlos. Estado Federal e Estados Federados na Constituição de 1988: do equilíbrio federativo. *Revista de Direito Administrativo*. Rio de Janeiro, v. 187, p. 1-36, jan. 1992, p. 3.

[10] GIAMBIAGI, Fábio; ALÉM, Ana Cláudia. *Finanças públicas*: teoria e prática no Brasil. 4. ed. Rio de Janeiro: Elsevier, 2011, p. 314.

[11] OATES, Wallace E. An essay on fiscal federalism. *Journal of Economic Literature*, v. 37, n. 3, p. 1.120-1.149, set. 1999.

[12] Como aponta Tácio Lacerda Gama, a capacidade de autodeterminação dos entes que formam o federalismo brasileiro pode ser evidenciada pela possibilidade de Estados e Municípios elaborarem constituições estaduais e leis orgânicas municipais, que, dentro da esfera de competência estabelecida pela Constituição Federal, podem tratar de assuntos próprios definindo a competência de seus órgãos. (GAMA, Tácio Lacerda. *Competência tributária*: fundamentos para uma teoria da nulidade. São Paulo: Noeses, 2009, p. 198).

[13] Nas palavras de Adalberto Pimentel Diniz de Souza: "Enquanto nos Estados Unidos da América, por meio da união das colônias, foi constituída a federação, no Brasil ocorreu o contrário: o poder central subdividiu o poder entre as Províncias, que passaram a ser denominadas Estados, perfazendo dessa forma a descentralização do poder. Assim, houve uma cópia do sistema criado pelos norte-americanos. Enquanto lá houve o que os teóricos chamam de atuação de uma 'força centrífuga', aqui no Brasil atuou a 'força centrípeta' para a adoção do federalismo." (SOUZA, Adalberto Pimentel Diniz de. A mecânica do federalismo. *Revista de Informação Legislativa*. Brasília, n. 165, p. 169-176, jan./mar. 2005, p. 171).

cesso constituinte foi marcado pela tensão entre dois grupos políticos: os unionistas, que eram adeptos de um federalismo com predominância da União; e os federalistas, que "pregavam uma descentralização mais acentuada, com a predominância dos Estados-membros contra a União".[14]

A tensão entre estes dois grupos ficava evidenciada na disputa pelas rendas do Estado, marcada por um discurso célebre de Rui Barbosa, em defesa de uma União forte e capaz de equalizar as diferenças entre os Estados da federação.[15] O resultado dessa tensão entre federalistas (unionistas) e "ultrafederalistas" foi a formação de um federalismo dual em sua origem, que estabelecia limites muito rígidos entre as competências da União e dos Estados-membros.[16]

Embora essa tensão entre concentração e descentralização de poderes permeie toda a história constitucional brasileira,[17] a partir da ordem constitucional de 1946 é possível identificar a adoção de um modelo de federalismo de cooperação, que pressupõe não só a delimitação dos campos de atuação dos entes federados, mas também as relações de solidariedade verticais e horizontais entre eles.[18]

A Constituição de 1988 promoveu um fortalecimento do dever de cooperação federativa por meio de estruturas que permitiram a

---

[14] SILVA, José Afonso da. *O constitucionalismo brasileiro*: evolução institucional. São Paulo: Malheiros, 2011, p. 55.

[15] Estabelecendo um paralelo entre Brasil e Estados Unidos, Rui Barbosa apontava que, "se há no Brasil estados mais fortes e menos fortes, mais fracos e menos fracos, a condição necessária da existência de todos, fortes e fracos, grandes ou pequenos, pobres ou ricos, é a sua coesão, a solidariedade da sua vida integral no seio da federação." (BARBOSA, Rui. Discurso "Organização das finanças republicanas". *In:* SANTI, Eurico Marcos Diniz de. *Curso de direito tributário e de finanças públicas*. São Paulo: Saraiva, 2008, p. 158-172, p. 167-168).

[16] HORTA, Raul Machado. Problemas do federalismo brasileiro. *Revista da Faculdade de Direito da Universidade Federal de Minas Gerais*, v. 9, p. 68-88, 1957, p. 69.

[17] Para Fábio Giambiagi e Ana Cláudia Além: "A noção de que a evolução política do Brasil caracterizou-se por uma espécie de oscilação, ao longo do tempo, entre os movimentos de centralização e descentralização, está explicitada na conhecida frase do general Golbery do Couto e Silva, chefe do Gabinete Civil dos presidentes Ernesto Geisel e João Batista Figueiredo, que numa – muito comentada na época – conferência proferida na Escola Superior de Guerra (ESG), em 1980, referiu-se a esses movimentos como uma 'sequência interminável de sístoles e diástoles', de forma análoga aos pulsos de um coração." (GIAMBIAGI, Fábio; ALÉM, Ana Cláudia. *Finanças públicas*: teoria e prática no Brasil. 4. ed. Rio de Janeiro: Elsevier, 2011, p. 328).

[18] BERCOVICI, Gilberto. Federalismo e desenvolvimento regional no Brasil. *In:* SCHOUERI, Luís Eduardo. *Direito tributário*: homenagem a Paulo de Barros Carvalho. São Paulo: Quartier Latin; 2008, p. 889-905, p. 890.

atuação independente e conjunta entre entes federados.[19] A existência de um conjunto de matérias submetidas à competência legislativa material comum evidencia um conjunto de valores cuja realização integral depende da cooperação entre todos os entes federados.[20] [21]

Essa descentralização, na forma como está consignada na Constituição da República Federativa do Brasil (CRFB) de 1988, representa uma melhoria em relação ao processo de centralização de competências na figura da União, vivenciado pela sociedade brasileira no regime ditatorial civil-militar.[22]

Porém, ainda que tenha promovido uma maior descentralização, a Carta Constitucional vigente atribui à "União o poder de decidir os rumos da grande maioria das atividades estatais e de governo, sobrando pouco para Estados e, principalmente, para os Municípios".[23] Um elemento que demonstra que um maior peso nas decisões da União no federalismo brasileiro está na concentração de recursos financeiros, se comparada com outros entes federados.[24]

---

[19] Para Raul Machado Horta: "A Constituição de 1988, ultrapassando o dualismo dos poderes enumerados e dos poderes reservados, poderosa criação do federalismo clássico, acrescentou e desenvolveu, na repartição de competências, a competência comum, de caráter cooperativo, da União, dos Estados, do Distrito Federal e dos Municípios (art. 23, I a XII) e a competência concorrente, de natureza legislativa, da União, dos Estados e do Distrito Federal, nela contemplando, entre outras matérias, o direito tributário, o direito financeiro [...]." (HORTA, Raul Machado. As novas tendências do federalismo e seus reflexos na Constituição brasileira de 1988. *Revista do Legislativo*. Belo Horizonte: Assembleia Legislativa do Estado de Minas Gerais, n. 25, p. 14-25, jan./mar. 1999).

[20] Cabe ressaltar que: "O aspecto do bem-estar social reflete-se também na adoção, pela Constituição de 1988, do modelo de federalismo cooperativo, especialmente no art. 23, que estabelece as competências materiais comuns aos entes – competências que precisam ser exercidas pelos três entes, de forma cooperada, sob pena de não serem realizadas de forma plena." (PINHEIRO, Hendrick; SANTOS, Marcela de Oliveira. Planejamento e federalismo na constituição de 1988: os desafios da ordem urbanística. *In*: COELHO, Diva Julia Safe; FERREIRA, Rildo Mourão; COELHO, Saulo de Oliveira Pinto. *Direito e sustentabilidade nos 30 anos da Constituição*. Florianópolis: Tirant Lo Blanch, 2018, p. 51-72, p. 55).

[21] No mesmo sentido: PINHEIRO, Hendrick; CALIL, Ana Luíza. La produzione di vaccini e l'ordinamento costituzionale brasiliano: le sfide della Federazione nella pandemia del Covid-19. *Osservatorio AIC*, f. 1, p. 80-100, 2022. Disponível em: https://www.osservatorioaic. it/it/osservatorio/ultimi-contributi-pubblicati/hendrick-pinheiro/la-produzione-di-vaccini-e-l-ordinamento-costituzionale-brasiliano-le-sfide-della-federazione-nella-pandemia-del-covid-19. Acesso em 10 fev. 2022.

[22] TER-MINASSIAN, Teresa. Brazil. *In*: TER-MINASSIAN, Teresa. (ed.). *Fiscal Federalism in theory and practice*. Washington: Internation Monetary Fund, 1997, p. 438-456, p. 438.

[23] KHAMIS, Renato Braz Mehanna; SARTORI, Ivan Ricardo Garisio. O impacto do federalismo sanitário brasileiro na efetividade do direito à saúde. *Revista Brasileira de Políticas Públicas*. Brasília, v. 7, n. 2, p. 302-312, 2017, p. 308.

[24] FÉ, Raquel Mousinho de Moura. A repartição de rendas entre os entes da federação e sua repercussão na caracterização do federalismo brasileiro: uma investigação acerca do

Compreender a federação como modelo de descentralização para o exercício do poder é o primeiro passo para entender como a formulação de políticas públicas por parte de um Estado-membro da federação pode vir a afetar a capacidade dos Municípios para exercer o poder que lhes foi atribuído pela Constituição. É imprescindível que os entes federativos respeitem reciprocamente as suas respectivas esferas de atuação e cooperem entre si para que haja efetiva possibilidade do exercício do poder de forma descentralizada.

A ideia de federação, como a conhecemos hoje, é grandemente influenciada pelo processo de formação dos Estados Unidos da América do Norte.[25] A constituição daquele Estado como uma federação implicou um conjunto de estruturas para equacionar conflitos decorrentes da autonomia político-administrativa dos entes federados.

Este processo de construção jurídica da federação norte-americana foi marcado por conflitos, que estão na origem do que se compreende hoje como princípio federativo.

Cabe mencionar, por sua relevância, o caso *McCulloch v. Maryland*, de 1819, a partir do qual se estruturou a ideia de imunidade recíproca dos entes tributantes como uma importante ferramenta para a manutenção e coesão do Estado federal. Nesse conflito, o Estado de Maryland buscava tributar o *Second Bank of the United States*, um banco federal, e esta atitude acabava por limitar a capacidade de atuação da União. Por

---

desenvolvimento do federalismo fiscal-financeiro no Brasil. *Revista Brasileira de Políticas Públicas*. Brasília, v. 5, n. 1, p. 93-114, 2015, p. 112.

[25] Nos artigos federalistas, que precederam e orientaram os debates da Constituição americana, Madison já explicava a diferença entre governos centralizados ("nacionais") e federados ("confederados") e sua lição continua muito atual: "A idéia [sic] de governo nacional inclue [sic] não somente a idéia [sic] de autoridade sobre os indivíduos, mas ainda a de poder absoluto sobre todas as pessoas, e sobre todas as causas que são objectos [sic] de hum [sic] governo legitimo. N'hum [sic] povo que faça huma [sic] nação somente, este poder pertence todo inteiro á [sic] legislatura nacional; mas n'huma [sic] confederação de sociedades, reunidas para objectos [sic] particulares, parte pertence á [sic] legislatura geral, parte ás [sic] legislaturas municipaes [sic]. *No primeiro caso todas as autoridades locaes [sic] são subordinadas á [sic] autoridade suprema, e podem ser fiscalizadas [sic], dirigidas e abolidas, segundo a sua vontade; no segundo as autoridades municipaes [sic] ou locaes [sic] formão [sic] partes distinctas [sic] da soberania, tão independentes no circulo [sic] que lhe pertence de autoridade geral, como esta autoridade geral he [sic] dellas [sic] independente.* Assim, como a jurisdicção [sic] do governo he [sic] restringida a hum [sic] certo numero [sic] de objectos [sic] determinados, e em todos os outros pontos deixa aos Estados soberania inviolavel [sic], não he [sic] com muita razão que se lhe chama nacional [...]." (MADISON, James. Conformidade do plano proposto com os princípios republicanos. Exame de huma objecção. *In*: HAMILTON, Alexander; MADISON, James; JAY, John. *O federalista*: t. 2. Rio de Janeiro: Typ. Imp. e Const. de J Villeneuve e Comp., 1840, p. 99, grifou-se).

meio da tributação, um ente subnacional buscava limitar a atuação da União, no contexto americano.[26]

A decisão da Suprema Corte daquele país, que lançou as bases para a compreensão do princípio federativo no sistema jurídico norte-americano, considerou que a forma de Estado emanada da constituição limitava a capacidade de atuação do ente federado. A força normativa do princípio federativo garantia à União proteção contra o exercício de poder (tributário, nesse contexto) do ente federado.[27]

Este julgamento acabou consagrando a expressão "o poder de tributar envolve o poder de destruir", que passou a ser usada de maneira descontextualizada como uma espécie de ode liberal à não intervenção estatal.[28] Na origem, esta expressão tinha como foco as relações entre entes federados. O que pode ser destruído pelo exercício unilateral e desmedido da competência é a harmonia e a solidariedade dos entes integrantes da federação, razão pela qual limites são necessários.

A ideia de imunidade recíproca é importante para compreensão de uma das características mais relevantes do federalismo: existem limites no exercício da autonomia política dos entes e qualquer modalidade de exercício de Poder por um membro da federação não pode ser usada para prejudicar outro ente.[29]

---

[26] Na análise de Fernando dos Santos Arenhart: "O caso *McCulloch v. Maryland* explicitou a tensão existente na recém-formada federação norte-americana, e a disputa pelo poder político. Originária de uma aliança entre Estados autônomos, a federação norte-americana necessitava limitar o poder dos Estados-membros, fortalecendo, por outro lado, a União. Estabeleceu-se, assim, a teoria dos poderes implícitos." (ARENHART, Fernando Santos. Imunidade recíproca e federalismo: da construção norte-americana à atual posição do STF. *Revista Brasileira de Políticas Públicas*. Brasília, v. 3, n. 2, p. 13-32, 2013, p. 30).

[27] Este julgamento "tornou-se um paradigma para interpretação da imunidade recíproca dos entes em sistema federativos. Sua lição é clara: o exercício da competência de um determinado ente federativo não pode obstar o desenvolvimento das competências ('medidas constitucionais') de outro." (HORVATH, Estevão; PINHEIRO, Hendrick. Imunidade recíproca e os serviços públicos na visão do Supremo Tribunal Federal. *In*: FRATTARI, Rafhael; LOBATO, Valter. (org.). *30 anos da Constituição Federal de 1988*. Belo Horizonte: Arraes, 2019, v. 1, p. 201-216).

[28] Como averbou Alcides Jorge Costa: "O voto diz: 'que o poder de tributar envolve o poder de destruir'; que o poder de destruir pode anular e tornar inútil o poder de criar; que há uma evidente repugnância em conferir a um governo o poder de controlar as medidas constitucionais de outro, o qual, com respeito a estas medidas, é declarado superior ao que exerce o controle, são proposições que não podem ser negadas." (COSTA, Alcides Jorge. Algumas ideias sobre uma reforma do sistema tributário brasileiro. *Direito Tributário Atual*. São Paulo: Resenha Tributária, v. 7-8, p. 1.733-1.768, 1987-1988, p. 1.741).

[29] Nas palavras de João Mangabeira "[...] o que caracteriza o Estado Federal é a sua coexistência com Estados constitucionalmente autônomos, nas raias que a Constituição Federal lhes traça, e a impossibilidade de modificação desta por lei ordinária da Assembléia [sic] Nacional

A imunidade recíproca[30] é uma das estruturas jurídicas destinadas a limitar o exercício do poder dos entes federados com o objetivo expresso de proteger a estrutura federativa de Estado. Mas a federação, na ordem constitucional brasileira, assume características específicas e se vale de outras estruturas para impor limites à atuação dos entes federados.

A própria forma federativa do Estado brasileiro, colocada como cláusula pétrea pelo texto constitucional (art. 60, §4º, inciso I, da CRFB) – tema impassível de emendas constitucionais que conduzam à sua extinção (ou *tendam* a isso) –, é uma forma de limitar o exercício do poder, garantindo a perenidade deste modelo de Estado. Trata-se de elemento específico da ordem constitucional brasileira, que confirma o caráter de grupamento estável e duradouro do Estado federal.[31]

Para que haja violação da cláusula pétrea que assegura a perenidade da forma federativa do Estado não é necessário que a alteração proposta revogue ou altere diretamente as estruturas administrativas, "basta que atente contra a autonomia dos Estados da Federação, inviabilizando sua capacidade de autogoverno".[32]

A federação – ao lado da república – está tão enraizada no sistema constitucional brasileiro que, na visão do sempre presente Geraldo Ataliba, ambas podem ser compreendidas como "regras supraconstitucionais, princípios super-rígidos, pedras basilares de todo o sistema",[33] que devem prevalecer sobre todos os demais princípios e regras constitucionais.

[...]" (MANGABEIRA, João. *Em torno da Constituição*. 2. ed. Rio de Janeiro: Forense, 2019, p. 61).

[30] No Direito positivo brasileiro, a chamada imunidade recíproca é expressa – embora já estivesse implícita, como ocorre em todo Estado federal – no art. 150, com a seguinte redação: "Art. 150. Sem prejuízo de outras garantias asseguradas ao contribuinte, é vedado à União, aos Estados, ao Distrito Federal e aos Municípios: VI – instituir impostos sobre: a) patrimônio, renda ou serviços, uns dos outros; §2º A vedação do inciso VI, "a", é extensiva às autarquias e às fundações instituídas e mantidas pelo Poder Público, no que se refere ao patrimônio, à renda e aos serviços, vinculados a suas finalidades essenciais ou às delas decorrentes."

[31] DALLAVERDE, Alexandra Katia. *As transferências voluntárias no modelo constitucional brasileiro*. São Paulo: Blucher, 2016, p. 34.

[32] RIBEIRO, Ricardo Lodi. Pacto federativo e reforma tributária. *Revista de Direito Administrativo*, v. 222, p. 87-96, 2000, p. 89.

[33] ATALIBA, Geraldo. *República e constituição*. 3. ed. São Paulo: Malheiros, 2011, p. 45.

Se princípios são os pontos de partida e chegada da interpretação constitucional,[34] qualquer análise que parta do princípio federativo deve questionar se determinado ato normativo ou decisão tem impactos negativos na atuação desse princípio.

A observância do princípio federativo garante o funcionamento da própria estrutura do Estado e, em grau maior, da realização do projeto constitucional como um todo. Sua concretização é papel do Poder Executivo, no desenvolvimento de suas políticas públicas que não afetem o caráter descentralizado do exercício do poder; do Poder Legislativo, que deve respeitar os campos de autonomia e liberdade dos entes federados no processo de introdução e retirada de normas; e do Poder Judiciário, no importante papel de arbitrar os conflitos entre os entes federados.

Compreender o Estado brasileiro como uma federação, na qual os entes devem cooperar entre si para superar desigualdades de promover o desenvolvimento nacional, é imprescindível para entender o avesso dessa ideia, consubstanciado nos processos de competição e embate entre entes federativos.

O conflito representado pelo fenômeno da assim apelidada "cortesia com chapéu alheio" contém, na sua gênese, uma ofensa ao modelo de federalismo cooperativo brasileiro. A concessão unilateral de incentivos de ICMS por Estados-membros, que implicou a redução do volume de recursos disponível para que os Municípios pudessem desenvolver sua missão constitucional, representa uma interferência de um ente federativo na capacidade de atuação de outro.

É certo que os Estados-membros têm liberdade para desenvolver suas políticas públicas e programas de atuação nas mais diversas áreas. No entanto, é importante lembrar que esta liberdade não pode limitar a capacidade de atuação dos Municípios, com a redução do volume de recursos disponíveis para que estes desenvolvam as competências

---

[34] Sobre o papel dos princípios no ordenamento jurídico: "Costumamos dizer que toda interpretação deve ter como ponto de partida os princípios, mas também os tem como ponto de chegada. Significa isso dizer que o intérprete deve arrancar do princípio ao buscar o Direito aplicável à situação concreta, pois ele (princípio) o informará sobre o caminho a percorrer. Ao final do percurso interpretativo, constitucional deverá o jurista (*lato sensu*) verificar se o resultado alcançado (a sua decisão quanto ao que diz o Direito naquele caso) se coaduna com o(s) princípio(s) que iluminou (iluminaram) o seu caminho. Só então, cremos, se terá encontrado a solução – ou ao menos uma das soluções possíveis – para a situação." (HORVATH, Estevão. *O princípio do não-confisco no Direito Tributário*. São Paulo: Dialética, 2002, p. 26).

que lhes são próprias. Esse raciocínio aplica-se a todos os entes federados reciprocamente.

Para compreender os limites, impactos e repercussões jurídicas do fenômeno, bem como o papel do Supremo Tribunal Federal na tutela do federalismo no Brasil, o primeiro passo é aceitar que há limites para a atuação dos entes federados e que qualquer atuação de um ente que invada ou restrinja as competências de outro é passível de controle.

1.1 Autonomia financeira e autonomia política

Na origem do federalismo brasileiro, Rui Barbosa enunciava que era "federalista antes de ser republicano", por entender que essa forma de organização do Estado promovia os ideais de desenvolvimento nacional, com a redução das desigualdades regionais tão pronunciadas em um Brasil imperial.[35] Hoje, a redução das desigualdades regionais, objetivo da república brasileira (art. 3º, inciso III, da CRFB), permanece como um farol a indicar como o federalismo está diretamente relacionado à construção de uma ordem jurídica descentralizada que busca a equalização e homogeneização de seus entes.[36]

A realização do princípio federativo demanda estruturas jurídicas que garantam a autonomia política dos entes federados, que, em um círculo virtuoso, concretizam o princípio republicano. Só há uma verdadeira república, no contexto do federalismo, quando os entes integrantes do Estado dispõem de liberdade para exercer suas competências constitucionais, e essa liberdade, por sua vez, só existe quando há respeito aos limites constitucionalmente impostos ao exercício do poder.[37]

Não há como pensar em autonomia, como liberdade para o exercício de um poder descentralizado, sem tratar das dimensões administrativa (capacidade de se organizar), política (capacidade de

---

[35] BARBOSA, Rui. Discurso "Organização das finanças republicanas". *In*: SANTI, Eurico Marcos Diniz de. *Curso de direito tributário e de finanças públicas*. São Paulo: Saraiva, 2008, p. 158-172, p. 163.

[36] Como explica Gilberto Bercovici, no processo de equalização federativa é importante que não se confunda centralização com homogeneização: "Com a centralização há a concentração de poderes na esfera federal, debilitando os entes federados em favor do poder central. Já a homogeneização (*Unitarisierung*, uniformização) é baseada na cooperação, pois se trata do processo de redução das desigualdades regionais em favor de uma progressiva igualação das condições de vida em todo território nacional. A homogeneização não é imposta pela União, mas é resultado da vontade de todos os membros da federação." (BERCOVICI, Gilberto. *Desigualdades regionais, Estado e Constituição*. São Paulo: Max Limonad, 2003, p. 157).

[37] ATALIBA, Geraldo. *República e constituição*. 3. ed. São Paulo: Malheiros, 2011, p. 45.

eleger seus governantes) e financeira (fluxo de recursos para atender suas finalidades).[38]

O Estado tem como função realizar necessidades públicas, que são opções políticas da sociedade positivadas em regras de Direito. Para tanto, ele precisa de recursos. A atividade financeira do Estado representa este processo de obtenção, gestão e gasto de recursos públicos para a efetivação de necessidades públicas em benefício da sociedade como um todo. Portanto, a atividade financeira não é um fim em si mesma; ela é um meio imprescindível para a realização das funções do Estado.[39]

No federalismo, as necessidades públicas constitucionalmente eleitas são repartidas entre os entes federados e sua realização depende de um fluxo constante de recursos, que alimentam e fornecem condições materiais para que cada ente, por meio de sua atividade financeira, busque a realização de sua missão constitucional.[40] Como asseverava Rui Barbosa e sempre insistia Geraldo Ataliba, "quem dá os fins dá os meios".[41]

Na Constituição da República, um dos elementos dessa partilha de recursos é o que podemos denominar de "Constituição Tributária", que outorga competências exclusivas para que os entes federativos instituam de forma autônoma seus respectivos tributos (arts. 145, 149, 149-A, 153, 154, 155, 156, e 195 da CRFB).[42]

---

[38] CONTI, José Maurício. *Federalismo fiscal e fundos de participação*. São Paulo: Juarez de Oliveira, 2001, p. 8.

[39] Nesse sentido: "A obtenção de recursos para serem utilizados no desempenho das funções atribuídas ao Estado, como meio para possibilitar o seu atuar, no sentido do preenchimento das necessidades públicas, aponta o caráter nitidamente instrumental da atividade financeira; é dizer: o Estado não existe para realizar a atividade financeira, mas esta lhe é imprescindível para que possa desenvolver as demais atividades para as quais foi criado." (HORVATH, Estevão. A atividade financeira do Estado. *In*: ALVIM, Eduardo Arruda; LEITE, George Salomão; STRECK, Lênio. *Curso de direito constitucional*. Florianópolis: Tirant lo Blanch, 2018, p. 1.003-1.019, p. 1.004).

[40] O processo de obtenção de recursos públicos no Estado fiscal é mediado pela ordem jurídica, que limita os poderes do Estado na relação fisco-contribuinte: "Foi-se o tempo em que ele requisitava bens e serviços dos particulares (súditos) sem por isso os remunerar. Hodiernamente, o Estado se vale dos meios legais e do devido processo legal para obter bens e serviços de que necessita. Uma dessas vias, a mais importante de muito tempo a esta parte, é a tributária, conquanto não seja a única." (HORVATH, Estevão. *O direito tributário no contexto da atividade financeira do Estado*. 221 p. Tese (Titularidade em Direito) – Faculdade de Direito da Universidade de São Paulo, São Paulo, 2009, p. 44).

[41] ATALIBA, Geraldo. Taxa de estacionamento em via pública. *Revista de Direito Administrativo*. Rio de Janeiro, v. 157, p. 357-362, jul./set. 1984.

[42] Conforme sempre defendeu Sampaio Dória: "No regime federativo, entretanto, onde coexistem paralelamente sobre idêntico território duas ou mais ordens de poderes autônomos, cada qual competente, portanto, para tributar integralmente fatos, atos ou negócios

CAPÍTULO 1
FEDERALISMO COOPERATIVO E A SUA TUTELA | 23

Porém, é importante destacar que a autonomia financeira dos entes federados não está atrelada unicamente à outorga de competência tributária, que certamente exerce um papel importante ao assegurar fontes estáveis de receitas. Ela também é garantida pela "Constituição Financeira",[43] que estabelece, além de outros assuntos, um sistema de repartição do produto da arrecadação de impostos da competência de outros entes (arts. 153, §5º, 155, §2º, X, alínea "a", 157 a 159, da CRFB), contribuições (art. 159, inciso III, da CRFB) e até mesmo receitas patrimoniais, como as receitas petrolíferas (art. 20, §1º, da CRFB).[44]

Em relação às receitas transferidas, a própria Constituição veda a retenção dos repasses pelos entes responsáveis por arrecadar tributos cujas receitas são partilhadas fora das exceções expressamente previstas (art. 160 da CRFB).

O fenômeno representado pelo conjunto de arranjos financeiros que determinam a forma de partilha direta e indireta do poder fiscal[45] (e, com isso, permitem a distribuição de rendas em um Estado federal) é denominado federalismo fiscal.[46]

O objetivo da partilha constitucional das fontes de financiamento é assegurar o equilíbrio entre os entes federados e fornecer meios materiais para que estes desenvolvam sua atividade financeira com liberdade,[47] ou seja, para que o processo de descentralização representado pelo federalismo dê origem a entes verdadeiramente autônomos.

---

ocorridos dentro de sua esfera territorial comum, a discriminação de rendas atribuídas privativamente à União, Estados e Municípios é uma séria exigência para o equilíbrio do sistema e desenvolvimento de sua economia." (SAMPAIO DÓRIA, Antônio Roberto. *Direito constitucional tributário e due process of law*. Rio de Janeiro: Forense, 1986, p. 95).

[43] Ao nos referirmos à "Constituição Tributária", à "Constituição Financeira", estamos a aludir aos respectivos subsistemas constitucionais, é dizer: subsistemas que cuidam das matérias tributária e financeira (de finanças públicas) em nível constitucional.

[44] Sobre o tema das Receitas Petrolíferas no federalismo brasileiro, ver: FERNANDES, Andressa Guimarães Torquato. *Royalties do petróleo e orçamento público*: uma nova teoria. São Paulo: Blucher, 2016.

[45] HORVATH, Estevão. Le partage du pouvoir fiscal au Brésil. *Revue Française de Finances Publiques*. Paris : Librairie Générale de Droit et de Jurisprudence, n. 100 : Nouvelle gouvernance financière publique : grands enjeux de demain, 2007, p. 339.

[46] A esse respeito, José Maurício Conti averba: "O estudo da maneira pela qual as esferas de governo se relacionam do ponto de vista financeiro, que podemos denominar de federalismo fiscal, engloba a análise da maneira pela qual está organizado o Estado, qual é o tipo de federação adotado, qual é o grau de autonomia dos seus membros, as incumbências que lhes são atribuídas e, fundamentalmente, a forma pela qual serão financiadas." (CONTI, José Maurício. *Federalismo fiscal e fundos de participação*. São Paulo: Juarez de Oliveira, 2001, p. 24-25).

[47] Heleno Torres afirma tratar-se de um projeto que visa "não apenas a continuidade do Estado, mas a realização de seus objetivos e fins constitucionais do Estado Democrático

É possível afirmar que o desenho da autonomia financeira realizado pela Constituição de 1988 visa a garantir três principais objetivos:

a) *independência*, por meio de fontes de financiamento que não impliquem a sujeição de um ente a outro;

b) *suficiência*, ao assegurar um volume de recursos que possa fazer frente às necessidades;

c) *eficiência na arrecadação*, ao outorgar aos entes impostos que, pelo menos em 1988, eram adequados à abrangência de sua competência.[48]

Como pontuava Antonio de Sampaio Dória (avô), autonomia não é um conceito metafísico ou enigmático; autonomia é algo concreto, que pode ser haurido da realidade, dos horizontes de atuação estabelecidos pelo próprio ordenamento jurídico: "é o poder de autodeterminação, dentro em barreiras que não determina".[49]

Se, no contexto do federalismo, o ordenamento fornece os limites da autonomia dos entes federados ao estabelecer um conjunto de atribuições e responsabilidades, este mesmo ordenamento deve fornecer os meios para garantir que o exercício desta autonomia política não seja obstado pela insuficiência de meios financeiros para tanto.

Autonomia financeira, nesse contexto, é uma garantia da autonomia política dos entes descentralizados no federalismo. Nas palavras de Antônio Roberto Sampaio Dória (neto), "o poder político, distribuído pelas camadas da federação, encontra seu necessário embasamento na simultânea atribuição de poder financeiro, sem o qual de pouco vale: autonomia na percepção, gestão e dispêndio de rendas próprias".[50]

Esta ideia de autonomia financeira como corolário da independência política dos entes federados remonta ao início da compreensão de federalismo que temos hoje. A defesa da independência financeira

---

de Direito, no adequado equilíbrio a que a Constituição pretende concretizar" (TORRES, Heleno Taveira. *Teoria da constituição financeira*. 2014. 864 p. Tese (Titularidade em Direito) – Faculdade de Direito, Universidade de São Paulo, São Paulo, 2014, p. 338).

[48] MOREIRA, André Mendes. O federalismo brasileiro e a repartição de receitas tributárias. *In*: MOREIRA, André Mendes; DERZI, Misabel; BATISTA JÚNIOR, Onofre Alves (org.). *Estado federal e tributação*: das origens à crise atual. Belo Horizonte: Arraes, 2015, v. 1, p. 151-170, p. 158.

[49] SAMPÁIO DÓRIA, Antônio Roberto. Autonomia dos Municípios. *Revista da Faculdade de Direito da Universidade de São Paulo*, v. 24, p. 419-432, 1928, p. 421.

[50] SAMPAIO DÓRIA, Antônio Roberto. *Discriminação de rendas tributárias*. São Paulo: José Bushatsky, 1972, p. 11.

dos entes federados, ao cabo, significa a tutela da própria manutenção desta forma de Estado.

Pela negativa, é importante compreender que a falta de autonomia financeira provoca perda de autonomia política.[51] Nesta linha, qualquer atuação de entes federados que prejudique o processo de divisão dos recursos disponíveis atenta, em grau máximo, contra o princípio federativo, pois retira dos prejudicados os meios financeiros indispensáveis para sua atuação.[52]

A questão da "cortesia com chapéu alheio", por envolver uma atuação de um ente federativo que pode prejudicar o fluxo de recursos destinado constitucionalmente a outro, ou seja, sua autonomia financeira, implica diretamente uma discussão sobre autonomia política dos entes federados.

Não se pode ignorar também que estas políticas conduzidas pelo sistema tributário têm custos públicos que, no caso dos tributos sujeitos a repartição de receitas, são suportados, em parte, pelos entes titulares de parcela do produto de uma arrecadação que jamais será concretizada.[53]

Muito mais que uma questão abstrata, essa discussão encontra eco na realidade factual, podendo ser evidenciada a partir de dados orçamentários. Ilustram esse impacto os resultados de um estudo

---

[51] Como aponta Ricardo Lodi Ribeiro: "O descompasso entre as atribuições materiais e as receitas tributárias gera uma sobrecarga comprometedora da autoadministração, e em consequência, da autonomia federativa. A Constituição de 1988 contribuiu acentuadamente para a superação desse descompasso, equilibrando razoavelmente as receitas e despesas de União, Estados e Municípios." (RIBEIRO, Ricardo Lodi. Do federalismo dualista ao federalismo de cooperação: a evolução dos modelos de Estado e a repartição do poder de tributar. *Revista Interdisciplinar de Direito*, v. 16, n. 1, p. 335-362, jan./jun. 2018).

[52] Carvalho Pinto assevera que: "Subtrair, portanto, a independência financeira de uma unidade a que se queira atribuir efetiva autonomia político-administrativa, seria negar-lhe o elemento substancial dessa própria autonomia, assim como o procedimento inverso importaria em outorgar-lhes condições de vida própria, extensivas ou remarcantes desse seu atributo." (CARVALHO PINTO, Carlos Alberto de. *Discriminação de rendas*. São Paulo: Prefeitura do Município de São Paulo, 1941, p. 16).

[53] Sobre a equivalência entre gastos diretos e a utilização de tributos extrafiscais para a obtenção de finalidades públicas: "o pensamento que se quer esboçar no presente momento é o de que o uso da extrafiscalidade acaba por produzir efeitos semelhantes àqueles alcançados mediante a aplicação dos recursos arrecadados pelo Estado (tributários e não tributários). Efetivamente, o que se busca com o gasto público é o atingimento dos fins públicos, do 'interesse comum', o que constitui, em última análise, a própria razão de existir do Estado" (HORVATH, Estevão. *O direito tributário no contexto da atividade financeira do Estado*. 221 p. Tese (Titularidade em Direito) – Faculdade de Direito da Universidade de São Paulo, São Paulo, 2009, p. 50).

conduzido pelo pesquisador Tiago Braga Rösler, que teve como foco os incentivos concedidos pelo Estado do Mato Grosso. Como evidencia o autor, as renúncias fiscais do Estado do Mato Grosso tiveram um impacto global nos repasses aos Municípios de R$ 561.577.710,36 em 2017 e de R$ 875.218.999,70 em 2018, valores que representam a participação constitucional dos municípios (25%) sobre o total renunciado pelo Estado no período. Colocando esses números em perspectiva, aponta que, para 49 dos 141 municípios mato-grossenses (34,75%), o volume que o município deixou de receber em razão das renúncias de ICMS é maior do que a receita tributária própria em 2018.[54]

Mesmo antes de qualquer juízo sobre a legalidade ou inconstitucionalidade dos incentivos analisados, os dados mostram que o seu impacto em tributos sujeitos a partilha constitucional de receitas implica o compartilhamento dos custos da atuação estatal entre o Estado concedente e seus Municípios.

A parcela de recursos que seria partilhada e deixou de ser arrecadada em razão de determinado programa de incentivos deixa de integrar o volume de recursos efetivamente disponíveis para determinado ente federativo, ao que a discussão se volta para os limites da faculdade – do ente competente para tributar – de manejar programas de incentivo fiscal, em face da necessária manutenção da autonomia financeira dos entes que receberiam parte daquilo que foi renunciado.

No contexto de sua autonomia política, não se nega a possibilidade da utilização de tributos cujo produto da arrecadação será partilhado como ferramentas de política fiscal pelos entes que detêm a competência para instituí-los e arrecadá-los.[55] Isso não obstante, o

---

[54] O autor realizou uma comparação entre a receita dos municípios mato-grossenses não recebida em razão da renúncia e suas receitas próprias e constatou: "O município de Alto Araguaia é o primeiro do grupo que tem índice maior que 1 (1,000131), o que indica que a sua receita tributária própria é igual ao montante a que foi obrigado a perder de arrecadar em razão da renúncia estadual – R$ 8,62 mi. Trata-se de um município pequeno ao qual certamente faz falta o valor que não ingressou nos cofres públicos. [...] O município com maior índice da lista em comento é o de Novo Santo Antônio, que deixa de receber (R$2.405.504,41) mais que o triplo de recursos que arrecada com a receita tributária própria (R$ 656.091,66)." (RÖSLER, Tiago Braga. *Pacto ou impacto federativo?* A influência da renúncia fiscal do estado do Mato Grosso na autonomia financeira dos Municípios. 144 p. Dissertação (Mestrado em Direito) – Instituto Brasiliense de Direito Público, Brasília, 2019. p. 81).

[55] Como destaca Fabiana Del Padre Tomé: "A concretização dos programas e das ações estatais pode contar com a participação direta dos contribuintes que, para fazerem jus a determinados benefícios fiscais, ou, ainda, para não se verem onerados por cargas tributárias mais elevadas, mudam seu modo de agir. Por meio da extrafiscalidade, as normas jurídicas incentivam ou desestimulam certas práticas, servido, assim, como importante instrumento voltado à promoção de políticas públicas." (TOMÉ, Fabiana Del Padre. A extrafiscalidade

manejo de instrumentos tributários para atingir objetivos extrafiscais almejados pelo ente tributante que estrutura uma política por meio de instrumentos fiscais "deve considerar não só os resultados que se deseja alcançar, mas o regramento jurídico aplicável".[56] Assim, embora a concessão dos incentivos tenha relação direta com a autonomia política do ente tributante, o exercício de sua competência exonerativa encontra limite no próprio ordenamento toda vez que impacta a autonomia de outro ente federado.

No federalismo, a questão da "cortesia com chapéu alheio" diz respeito, pois, a um conflito entre autonomia política dos entes que instituem programas de incentivos fiscais e a autonomia financeira daqueles outros entes que suportam parte dos custos decorrentes desses programas.

1.2 Responsabilidade civil do Estado por atos legislativos

O conflito entre autonomia política e autonomia financeira dos entes tributantes, nesse contexto, tem como consequência o eventual dever de indenizar, derivado da instituição de programas de incentivo fiscal que provocam a redução do volume de recursos a que teriam acesso entes federados titulares de parcela do produto da arrecadação de alguns tributos no federalismo brasileiro.

A busca pela reparação dos danos derivados da atuação do Estado encontra lastro na chamada responsabilidade extracontratual objetiva do Estado, prevista no art. 37, §6º, da Constituição da República, *in verbis*:

> §6º As pessoas jurídicas de direito público e as de direito privado prestadoras de serviços públicos responderão pelos danos que seus agentes, nessa qualidade, causarem a terceiros, assegurado o direito de regresso contra o responsável nos casos de dolo ou culpa.

Essa modalidade de responsabilização corresponde à "obrigação de reparar danos causados a terceiros em decorrência de comportamentos

---

tributária como instrumento para concretizar políticas públicas. *In:* SANTI, Eurico Marcos Diniz de. *Tributação e desenvolvimento*: homenagem ao Professor Aires Barreto. São Paulo: Quartier Latin, 2011, p. 193-212, p. 211).

[56] PINHEIRO, Hendrick. *Transação tributária, planejamento e controle.* Belo Horizonte: Fórum, 2021, p. 80.

comissivos ou omissivos, materiais ou jurídicos, lícitos ou ilícitos, imputáveis aos agentes públicos".[57]

A ideia de responsabilização pelos danos derivados da atividade estatal evoluiu em paralelo com a ideia de Estado de Direito. No início do chamado "Estado moderno", as relações entre soberanos e súditos eram incompatíveis com a noção de responsabilização decorrente de prejuízos causados em decorrência da atuação estatal.[58] O cenário muda com a emergência de um Estado de Direito, no qual o exercício do poder encontra limites no ordenamento jurídico, em grau máximo representado pela ordem constitucional.[59]

A responsabilidade extracontratual do Estado representa a superação de uma *relação de poder*,[60] na qual a Administração Pública não está submetida aos limites do ordenamento (situação representada pela máxima absolutista *"the king can do no wrong"*), em prol de uma *relação de direito*, na qual o desempenho da função pública encontra limites legais, em grau máximo estabelecidos na Constituição da República.[61]

Dentro de uma relação de Direito, em que se substitui a ideia de atos de império pela visão de atos de gestão, o Estado pode/deve ser responsabilizado pelos danos imputados a terceiros.[62] Reconhecer a responsabilidade do Estado, nesse contexto, é aceitar que há limites para

---

[57] DI PIETRO, Maria Sylvia Zanella. *Direito Administrativo*. 28. ed., São Paulo: Atlas, 2015, p. 786.

[58] Como explica Maria João Estorninho, havia uma assimetria nas relações entre Estado (dotado de soberania) e entidades de direito privado (sem soberania): "No entanto, também é verdade que, nesta época, não seria admissível qualquer accão judicial contra a Coroa, para dirimir os eventuais litígios que pudessem surgir com os particulares. Isso explica precisamente que, na perspetiva da defesa dos súditos, a solução engendrada tenha sido a de criar, ao lado do 'conceito nebuloso de Estado' (Rogério Soares), uma entidade de direito privado a quem pudesse ser imputada a responsabilidade dos eventuais prejuízos causados aos particulares." (ESTORNINHO, Maria João. *A fuga para o direito privado*: contributo para o estudo da atividade de direito privado da Administração Pública. Coimbra: Almedina, 2009, p. 24-25).

[59] LOUGHLIN, Martin. *Foundations of Public Law*. Oxford: Oxford University Press, 2010, p. 340.

[60] JARACH, Dino. *Curso superior de derecho tributario*. Buenos Aires: Liceo Profesional Cima, 1969, p. 167.

[61] MONTEIRO FILHO, Edison do Rêgo. Problemas de responsabilidade civil do Estado. *In*: FREITAS, Juarez de (org.). *Responsabilidade civil do Estado*. São Paulo: Malheiros, 2006, p. 37-69, p. 41.

[62] BACELLAR FILHO, Romeu Felipe. Responsabilidade civil da Administração Pública: aspectos relevantes: a Constituição Federal de 1988: a questão da omissão: uma visão a partir da doutrina e da jurisprudência brasileiras. *In*: FREITAS, Juarez de (org.). *Responsabilidade civil do Estado*. São Paulo: Malheiros, 2006, p. 293-336, p. 306.

o exercício do poder, não havendo espaço para uma suposta "supremacia", a isentar o poder público de responder pelos seus atos. É importante destacar que a responsabilidade extracontratual objetiva, prevista no art. 37, §6º, da CRFB, abarca todo o e qualquer dano derivado da atuação do Poder Público no Brasil. Como bem explica Fernando Dias Menezes de Almeida, a expressão "pessoas jurídicas de direito público", que integra o enunciado do aludido artigo, não restringe sua aplicação ao Poder Executivo, no desempenho da função administrativa. Para o autor:

> Também órgãos voltados em primeiro plano ao desempenho da função legislativa e jurisdicional – do Poder Legislativo e do Poder Judiciário – ao agirem, em vez que não configurando pessoas jurídicas por si, em verdade são a União, ou algum Estado ou o Distrito Federal ou mesmo um Município agindo.[63]

Na federação, esta concepção de responsabilidade extracontratual do Estado pode ser aplicada nas relações entre seus membros. Se a igualdade entre os elementos que o integram é fundamento basilar em um Estado federado, eventuais atuações que invadam ou limitem o exercício da autonomia política, definida pelos campos de competência constitucionalmente delimitados, devem ser controladas e corrigidas para a preservação da própria unidade estatal.

Os atos que atentem contra a autonomia política dos entes federados podem ser originados do exercício da função legislativa por outros entes integrantes da mesma federação.[64]

No campo da tributação, esta possibilidade ganha contornos mais concretos, na medida em que toda a atividade tributária é orientada pelo princípio da legalidade, limitação constitucional do poder de tributar insculpida no art. 150, inciso I, da CRFB.

---

[63] ALMEIDA, Fernando Dias Menezes de. Responsabilidade por atos materialmente legislativos e jurisdicionais. *In*: CARVALHO FILHO, José dos Santos; ALMEIDA, Fernando Dias Menezes de. *Controle da administração pública e responsabilidade do Estado*. São Paulo: RT, 2014, p. 429-441, p. 429. [DI PIETRO, Maria Sylvia Zanella (coord.). *Tratado de Direito Administrativo*, v. 7].

[64] A lei é uma das formas de expressão da soberania do Estado, mas não é a única. Como bem explica Helio Helene: "A soberania do Estado se traduz em todos os atos deste, providos de autoridade pública. Por tanto, tanto a lei, quanto a sentença, quanto o ato administrativo, são manifestações de soberania do Estado. A lei – sem desconhecer o caráter de supremacia em relação a outros mandamentos do Estado e sem entrar no exame dos fatos que a hajam determinado – é um ato estatal, produzido por um órgão do próprio Estado e, por isso, revestido da autoridade deste." (HELENE, Helio. *Responsabilidade do Estado por ato legislativo*. São Paulo: Saraiva, 2011, p. 78).

Para os incentivos tributários, a necessidade de que sejam concedidos por meio de lei também é prescrita pela Constituição Federal (art. 150, §6º), norma que tem como reflexo a preservação do princípio da igualdade na tributação, ao estabelecer que quaisquer discriminações que favoreçam um grupo de contribuintes, atividades ou setores econômicos, tenham origem em norma aprovada pelo poder legislativo.[65] A esse respeito convém lembrar que aquilo que a lei faz, em última análise, é trazer desigualações, ou seja, contemplar de maneira diversa situações que são diferentes, justamente para preservar a igualdade entre desiguais.

O dano é o resultado de um ilícito. A atuação estatal está submetida a um dever genérico de não causar dano, que é o fundamento da sua responsabilidade objetiva.[66] Embora não seja necessária a identificação do elemento doloso, o nexo de causalidade entre conduta estatal e dano é necessário para a configuração do dever de indenizar.

O produto da atividade legislativa é uma norma geral e abstrata cuja existência, em si mesma, não provocaria dano indenizável, justamente em decorrência de sua generalidade e abstração. São os atos de concretização da norma, os quais seguem o comando geral e abstrato para o caso concreto, que podem configurar uma relação de responsabilidade.[67]

A atividade estatal de produção legislativa pode resultar em danos, decorrentes da aplicação das normas produzidas, tanto em decorrência de leis constitucionais ou inconstitucionais. Como explana Tomás Hutchinson:

> si la ley que causa el daño podrá ser constitucional, pero si afecta un derecho garantizado por la constitución, existe la obligación de reparar los perjuicios ciertos y especiales que se causen. Con mayor razón si la

---

[65] Como já registrou o STF: "O poder de isentar submete-se às idênticas balizas do poder de tributar com destaque para o princípio da legalidade tributária que a partir da EC 03/1993 adquiriu destaque ao prever lei específica para veiculação de quaisquer desonerações tributárias (art. 150, 6º, *in fine*)." (BRASIL. Supremo Tribunal Federal. *Ação Direta de Inconstitucionalidade nº 5.929*, j. 14 fev. 2020, DJe 06 mar. 2020).

[66] ALMEIDA, Fernando Dias Menezes de. Responsabilidade por atos materialmente legislativos e jurisdicionais. *In*: CARVALHO FILHO, José dos Santos; ALMEIDA, Fernando Dias Menezes de. *Controle da administração pública e responsabilidade do Estado*. São Paulo: RT, 2014, p. 215-443, p. 399.

[67] ALMEIDA, Fernando Dias Menezes de. Responsabilidade por atos materialmente legislativos e jurisdicionais. *In*: CARVALHO FILHO, José dos Santos; ALMEIDA, Fernando Dias Menezes de. *Controle da administração pública e responsabilidade do Estado*. São Paulo: RT, 2014, p. 215-443, p. 433.

ley se declara inconstitucional deberá indemnizar el derecho garantizado por la Constitución.[68]

A possibilidade de danos derivados da atividade legislativa constitucional pode ser construída como exercício legítimo de uma competência legislativa que macula algum direito fundamental de um grupo de destinatários da norma introduzida. Repare-se que a lei pode ser constitucional e ainda assim provocar um dano reparável. O reconhecimento do dano pode acontecer independente do reconhecimento da inconstitucionalidade da norma, na medida em que este pode estar circunscrito a um grupo específico de sujeitos de direito ou mesmo derivado do processo de sucessão das leis no tempo. Isso pode levar à quebra de expectativas legítimas decorrentes da postura do Estado em momento anterior ao não regular de maneira satisfatória, por meio de normas de transição, a introdução de um novo regime jurídico que rompe com um modelo anteriormente aplicado.

O princípio da proteção da confiança legítima assegura expectativas razoáveis dos administrados (ou mesmo de pessoas jurídicas de Direito Público). O rompimento de uma expectativa razoável, derivado de uma atividade legislativa, por exemplo, pode ser vislumbrado como origem de um dano a ser reparado.[69] Nesse contexto, Almiro do Couto e Silva ressalta que "os prejuízos que as leis e os atos normativos infralegais válidos causam às pessoas só são indenizáveis quando o dano for anormal e especial".[70]

Se mesmo normas constitucionais podem causar danos indenizáveis, a recomposição dos prejuízos derivados de uma norma inconstitucional revela-se uma consequência jurídica necessária. Na

---

[68] HUTCHINSON, Tomás. *Tratado jurisprudencial y doctrinario*: derecho administrativo, responsabilidad del Estado. Buenos Aires: La Ley, 2010. p. 418.

[69] A jurisprudência da Suprema Corte da Nação Argentina, no chamado "Caso Cantón", fornece um exemplo muito elucidativo de danos causados em decorrência de uma atividade lícita do Estado que devem ser reparados. A decisão registrou: *"la facultad del Estado de imponer límites al nacimiento o extinción de los derechos, no lo autoriza a prescindir por completo de las relaciones jurídicas concertadas bajo el amparo de la legislación anterior, especialmente cuando las nuevas normas causan perjuicios patrimoniales que no encuentran la condigna reparación en el sistema establecido, pues en tales supuestos, el menoscabo económico causado origina el derecho consiguiente para una indemnización como medio de restaurar la garantía constitucional vulnerada."* (ARGENTINA. Corte Suprema de Justicia de La Nación. *Fallos de la Corte Suprema de Justicia de la Nación*, t. 301. Buenos Aires: Tall. Gráf. Mundial, 1979, p. 403).

[70] COUTO E SILVA, Almiro do. Responsabilidade extracontratual do Estado no direito brasileiro. Revista da Procuradoria Geral do Estado do Rio Grande do Sul, n. 57, p. 149-170, dez. 2003, p. 165.

lição clássica de José Cretella Junior, "a lei inconstitucional danosa, entretanto, se causar danos, possibilita, sempre, aos prejudicados as providências jurídicas para que cessem os efeitos produzidos".[71]

Em nosso sistema, que admite controle difuso de constitucionalidade, é possível que o mesmo juízo declare a inconstitucionalidade de uma lei e, consequentemente, reconheça o dever de reparar os danos derivados de sua aplicação.[72]

A responsabilidade extracontratual do Estado pela aplicação de lei inconstitucional é reconhecida desde há muito pela jurisprudência do Supremo Tribunal Federal.

Já em 1948, o Ministro Castro Nunes, por ocasião do julgamento de recurso extraordinário, reconheceu o dever de reparar danos derivado da inconstitucionalidade do Regulamento de Trânsito do Estado de São Paulo, que impediu a circulação de ônibus pertencentes a uma empresa mineira na cidade de Franca. Com base na inconstitucionalidade da lei, foram reconhecidos os danos derivados de sua aplicação ao litigante. O acórdão registrou como ementa: "O Estado responde civilmente pelo dano causado em virtude de ato praticado com fundamento em lei declarada inconstitucional".[73]

Em outro Recurso Extraordinário, de nº 21.504, relatado pelo Ministro Candido Mota e julgado em 15 de maio de 1957, a Corte Suprema julgou inconstitucional uma norma do Estado de Pernambuco, que autorizou a prefeitura do Recife a rever concessões para o serviço de ônibus durante sua vigência. Diante da inconstitucionalidade da norma estadual, foi reconhecido o direito de indenizar os prejuízos suportados pela concessionária. O acórdão tem enunciado lapidar: "Uma vez praticado pelo poder público um ato prejudicial que se baseou em lei que não é lei, responde ele por suas consequências".[74]

O tema foi retomado pelo STF, já sob a égide da Constituição de 1988, no julgamento do Recurso Extraordinário nº 153.464, de relatoria

---

[71] CRETELLA JUNIOR, José. Responsabilidade do Estado por ato legislativo. *Revista de Direito Administrativo*. Rio de Janeiro, v. 153, p. 15-34, jan. 1983, p. 26.

[72] ALMEIDA, Fernando Dias Menezes de. Responsabilidade por atos materialmente legislativos e jurisdicionais. *In*: CARVALHO FILHO, José dos Santos; ALMEIDA, Fernando Dias Menezes de. *Controle da administração pública e responsabilidade do Estado*. São Paulo: RT, 2014, p. 215-443, p. 434.

[73] NUNES, Castro. Responsabilidade civil do Estado: declaração de inconstitucionalidade. *Revista de Direito Administrativo*. Rio de Janeiro, v. 20, p. 42-45, mai. 1950.

[74] BRASIL. Supremo Tribunal Federal. *Segundo Julgamento no Recurso Extraordinário nº 21.504*. Rel. Min. Cândido Motta, 1ª T., j. 15 maio 1957, DJ 11 jul. 1957.

do Min. Celso de Melo, no qual foi reconhecida a responsabilidade civil por danos derivados da aplicação de leis inconstitucionais:

> RESPONSABILIDADE CIVIL DO ESTADO – LEI INCONSTITUCIONAL – INDENIZAÇÃO. O Estado responde civilmente por danos causados aos particulares pelo desempenho inconstitucional da função de legislar.[75]

Em dezembro de 1992, nossa Excelsa Corte reiterou este entendimento, sintetizado com precisão no seguinte: "Cabe responsabilidade civil pelo desempenho inconstitucional da função de legislador".[76]

Como se pode ver pelos excertos selecionados, é da tradição da nossa mais alta Corte brasileira reconhecer a responsabilidade do Estado em decorrência da aplicação de lei inconstitucional, posição que reforça, acima de tudo, a supremacia da Constituição. Reconhecer a responsabilidade do Estado por danos derivados da aplicação de leis inconstitucionais garante, em grau máximo, a eficácia da própria Constituição.

Em matéria de "cortesia com chapéu alheio", cogita-se acerca de se a atuação legislativa de um ente legislativo pode causar danos a outro ente. O dano, neste caso, decorreria da aplicação da norma que tem como consequência a redução do volume de recursos arrecadados e, por decorrência lógica, do montante que deveria ter sido partilhado.

Em tese, o dano emergente desta situação específica pode derivar de uma lei constitucional ou inconstitucional.

Pensar em um prejuízo resultante da aplicação de lei constitucional no contexto do tema "cortesia com chapéu alheio" posiciona o problema jurídico na necessidade (ou não) de reparar os danos derivados de um exercício legítimo de autonomia política de um ente federado, que tem repercussões na autonomia financeira de outro ente. Ao fim e ao cabo, a discussão de fundo estaria em definir se o modelo federativo brasileiro criaria uma expectativa legítima de arrecadação (por parte dos entes que têm direito à partilha de parcela desta), cujo rompimento geraria o dever de recompor o patrimônio das unidades federativas que sofreram redução no volume de recursos a que teriam direito.

---

[75] MELLO, Celso de. Responsabilidade civil do Estado: lei inconstitucional: indenização. *Revista de Direito Administrativo*. Rio de Janeiro, v. 189, p. 305-306, jul. 1992.

[76] MELLO, Celso de. Ato legislativo: inconstitucionalidade: responsabilidade civil do Estado. *Revista de Direito Administrativo*. Rio de Janeiro, v. 191, p. 175-177, jan. 1993.

Por outro lado, na hipótese de prejuízos oriundos de normas inconstitucionais, a configuração do dano está diretamente relacionada aos limites para o exercício da competência exonerativa do ente responsável pela instituição e arrecadação do tributo cujo produto da arrecadação é compartilhado. Nesse caso, não se cuidaria de uma expectativa rompida, mas de uma atuação comissiva e deliberada, realizada sem arrimo na Constituição da República e, portanto, fora dos limites da autonomia política, que provocou uma ilegal redução no volume de recursos arrecadados e refletiu no volume de recursos disponíveis para a partilha.

No caso dos danos decorrentes de normas inconstitucionais no âmbito das relações federativas, o debate estaria centrado no abuso da autonomia política, exercida para além dos limites estabelecidos pela Constituição da República, provocando danos que implicam a limitação da autonomia financeira de entes titulares de parcela da arrecadação compartilhada.

O reconhecimento da responsabilidade extracontratual do Estado em face da aplicação de leis inconstitucionais na relação entre entes federativos brasileiros também não é novidade em nosso país, como se verá na seção que segue.

1.3 O STF e a tutela da autonomia dos entes federados

Nos Estados federados, a Constituição é fundamental para definir os limites e atribuições dos diferentes entes descentralizados, cabendo à jurisdição constitucional o importante papel de arbitrar os conflitos subjacentes.[77]

Diante de um conflito federativo, é papel do Poder Judiciário restabelecer o equilíbrio entre os entes, garantindo o cumprimento das diretrizes estabelecidas pela Constituição. João Mangabeira ressaltava o caráter político do Judiciário no federalismo: "[…] essencialmente político será sempre o poder de declarar inválida uma lei, ou recolocar a União ou as unidades federativas dentro dos limites que lhes traçou a potestade soberana".[78]

Não é por outra razão que a Constituição de 1988 trouxe, no rol das atribuições do STF para a guarda do sistema constitucional,

---

[77] KELSEN, Hans. *Jurisdição constitucional*. São Paulo: Martins Fontes, 2003.

[78] MANGABEIRA, João. *Em torno da Constituição*. 2. ed. Rio de Janeiro: Forense, 2019, p. 103.

CAPÍTULO 1
FEDERALISMO COOPERATIVO E A SUA TUTELA | 35

a competência para julgar "as causas e os conflitos entre a União e os Estados, a União e o Distrito Federal, ou entre uns e outros, inclusive as respectivas entidades da administração indireta" (art. 102, "f").

Na estrutura federal brasileira, é papel do Supremo Tribunal Federal atuar como árbitro de conflitos federativos sempre no sentido de corrigir comportamentos inconstitucionais e restaurar a ideia de uma federação equilibrada e cooperativa construída pela Constituição Federal.[79]

Porém, no exercício da função de árbitro do federalismo brasileiro, o STF tem revelado uma tendência centralizadora. Um estudo empírico conduzido por Vanessa Elias de Oliveira, que analisou Ações Diretas de Inconstitucionalidade movidas pela União contra Estados e por Estados contra a União, no período de 1988 a 2002, indica que as primeiras (União contra Estados) têm mais chances de sucesso. Para a autora, os dados indicariam uma tendência centralizadora do Poder Judiciário no arbitramento de causas federativas no Brasil.[80]

Outro estudo, conduzido por Cristiana De Santis M. de F. Mello, que teve como foco a análise de um conjunto de casos de conflitos de competência entre a União e Estados, indicou também um favorecimento da esfera federal pelo viés interpretativo adotado pelo Supremo Tribunal Federal. Esse fenômeno se manifestaria especialmente no contexto das competências concorrentes, com a atribuição de um conceito amplo para as normas gerais, que ampliaria as possibilidades de atuação da esfera federal e esvaziaria o campo de liberdade dos entes estaduais e do Distrito Federal. A partir dos precedentes analisados, a autora identifica uma "tendência centralizadora do Supremo Tribunal Federal, que dispensa tratamento rigoroso na aferição da competência dos Estados, ao passo que adota concepção benevolente na interpretação da competência da União".[81]

---

[79] Cabe registrar que a doutrina alemã reconhece que, como a ordem federativa está fundada sobre a complementaridade e a colaboração recíproca entre seus membros, existiria um "Princípio de Conduta Amistosa Federativa", como norma constitucional emanante, que serviria como critério para o julgamento de conflitos federativos pelo Tribunal Constitucional Federal (HESSE, Konrad. *Elementos de Direito Constitucional da República Federal da Alemanha*. Porto Alegre: Sergio Antônio Fabris, 1998, p. 214).

[80] OLIVEIRA, Vanessa Elias de. Poder Judiciário: árbitro dos conflitos constitucionais entre estados e união. *Lua Nova: Revista de Cultura e Política*, n. 78, p. 223-250, 2009.

[81] MELLO, Cristiana De Santis M. de F. Federação: é hora de inverter o ônus argumentativo. *Revista Brasileira de Direito Público – RBDP*. Belo Horizonte, v. 9, n. 33, p. 161198, abr./jun. 2011.

Embora no quadro geral seja possível identificar uma tendência de favorecimento da União no julgamento de conflitos entre entes federativos, no campo da autonomia financeira, a jurisprudência do STF traz importantes julgados que favoreceram Estados, Distrito Federal e Municípios.

A ADI nº 1.423 é um caso emblemático para a tutela do federalismo. A ação foi proposta pela Procuradoria Geral da República questionando a constitucionalidade da lei ordinária estadual de São Paulo nº 9.332, de 27 de dezembro de 1995, que alterava os critérios de repartição do produto da arrecadação do ICMS, o que impactava negativamente a parcela deste tributo destinada aos Municípios.

Neste caso, foi reconhecida a inconstitucionalidade da lei estadual, tanto por ofensa à reserva de lei complementar para disposição sobre os critérios para partilha da arrecadação do ICMS (art. 161, inciso I, da CRFB) quanto por ofensa ao direito dos Municípios à parcela do produto arrecadado (art. 158, inciso IV, da CRFB).[82]

Embora o mérito dessa ação não envolvesse diretamente o direto ao ressarcimento dos impactos pretéritos resultantes desse atuar inconstitucional, a declaração de inconstitucionalidade da lei teve importante repercussão visando restaurar o volume de recursos disponível para os Municípios paulistas.

Este constitui um relevante precedente ao destacar que há limites constitucionais para a atuação dos entes federados, entre eles o respeito às normas que estabelecem a repartição do produto da arrecadação de impostos compartilhados. Diante da atuação inconstitucional de um determinado ente federativo que impacte negativamente no volume de recursos que caberiam ao titular de parcela da arrecadação, incumbe ao Supremo Tribunal Federal arbitrar o conflito federativo e restaurar a situação de harmonia e equilíbrio preconizados pela Constituição.

---

[82] "EMENTA: CONSTITUCIONAL. FINANCEIRO. PARTILHA DO PRODUTO ARRECADADO COM A INCIDÊNCIA DO IMPOSTO SOBRE CIRCULAÇÃO DE MERCADORIAS E SERVIÇOS – ICMS. FUNDO DE PARTICIPAÇÃO DOS MUNICÍPIOS. OPERAÇÕES DE GERAÇÃO DE ENERGIA ELÉTRICA. USINA. NORMA ESTADUAL QUE DISPÕE SOBRE O CÁLCULO DO VALOR AGREGADO (LEI 9.332/1995, DO ESTADO DE SÃO PAULO). VIOLAÇÃO DOS ARTS. 158, IV, E PARÁGRAFO ÚNICO, I E 161, I, DA CONSTITUIÇÃO DE 1988. Viola a reserva de lei complementar federal, prevista no art. 161, I, da Constituição, norma estadual que dispõe sobre o cálculo do valor agregado, para fins de partilha da arrecadação do ICMS, nos termos do art. 158, IV, e parágrafo único, I, da Carta Magna. Ação direta de inconstitucionalidade conhecida e julgada procedente." (BRASIL. Supremo Tribunal Federal. *Ação Direta de Inconstitucionalidade nº 1.423*, Rel. Min. Joaquim Barbosa, Pleno, j. 16 maio 2007, DJe-032 08 jun. 2007).

A decisão mais recente da nossa Suprema Corte sobre o tema foi proferida na Ação Direta de Inconstitucionalidade por Omissão (ADO) nº 25. Movida pelo Governador do Estado do Pará, questiona a constitucionalidade da omissão do Congresso Nacional em regulamentar as medidas compensatórias previstas no art. 91 do Ato das Disposições Constitucionais Transitórias (ADCT) decorrentes da desoneração das exportações resultante da Emenda Constitucional nº 42/2003.

Essa Emenda criou uma imunidade específica para exportações, decisão do poder constituinte derivado, cuja constitucionalidade é questionável.[83] Porém, admitindo-se, por hipótese, a constitucionalidade desta medida, os impactos negativos na arrecadação dos Estados-membros decorrentes deste preceito deveriam, em princípio, ser por aqueles suportados, visto que a desoneração das exportações, *per se*, é compatível com o sistema constitucional.

Isso não obstante, deve-se consignar que o constituinte derivado desonerou as exportações, mas previu a necessidade de criação de um sistema destinado a mitigar os impactos negativos desta opção. A não-implementação das medidas de compensação (previstas no art. 91 do ADCT) é uma omissão inconstitucional, que impacta negativamente na autonomia financeira dos Estados-membros, que tiveram a arrecadação do ICMS reduzida. Relevante apontar, outrossim, que a omissão referida reduz o volume de recursos cabíveis aos Municípios, que têm direito a participação na arrecadação desse imposto.

A omissão inconstitucional declarada no julgado está justamente na não implementação das medidas de compensação que deveriam acompanhar a desoneração das exportações. Partindo dessa premissa, a ação foi julgada procedente para determinar que a União Federal compensasse os Estados-membros em decorrência dos impactos negativos da desoneração das exportações.[84]

---

[83] Sobre os debates referentes aos limites à desoneração das exportações, ver: HORVATH, Estevão. A isenção trazida pelo art. 3, II, da Lei Complementar 87/96. *Revista de Direito Tributário*. São Paulo, n. 71, p. 30-33, 1998.

[84] "Ação Direta de Inconstitucionalidade por Omissão. 2. Federalismo fiscal e partilha de recursos. 3. Desoneração das exportações e a Emenda Constitucional 42/2003. Medidas compensatórias. 4. Omissão inconstitucional. Violação do art. 91 do Ato das Disposições Constitucionais Transitórias (ADCT). Edição de lei complementar. 5.Ação julgada procedente para declarar a mora do Congresso Nacional quanto à edição da Lei Complementar prevista no art. 91 do ADCT, fixando o prazo de 12 meses para que seja sanada a omissão. Após esse prazo, caberá ao Tribunal de Contas da União, enquanto não for editada a lei complementar: a) fixar o valor do montante total a ser transferido anualmente aos Estados-membros e ao Distrito Federal, considerando os critérios dispostos no art. 91 do ADCT; b) calcular

Essa decisão é relevante, também, por reconhecer que o próprio texto constitucional, em alguma medida, concentra poderes na União. Contudo, essa hipertrofia não abre espaço para que este ente atue de forma a prejudicar a saúde financeira dos demais.[85]

Relevante citar, outrossim, o julgamento das Ações Diretas de Inconstitucionalidade nº 6.211[86] e nº 5.374,[87] nas quais se questionava a constitucionalidade de taxas de fiscalização de recursos hídricos estabelecidas pelos Estados do Amapá e do Pará.

A questão estava assentada em uma discussão sobre o limite da competência comum dos entes federados para legislar sobre meio ambiente, que, em tese, se contrapunha à competência exclusiva da União para legislar sobre recursos hídricos e energia elétrica.

Essas decisões representam um avanço, pois, ao reconhecerem que aquela competência exclusiva da União – para legislar sobre recursos hídricos e energia elétrica – não obsta o exercício da competência comum a todos os entes federados para legislar sobre meio ambiente, asseguram a possibilidade de os Estados, o Distrito Federal e os Municípios instituírem taxas para financiar o serviço de polícia ambiental.

As decisões do STF nas ADIs nº 6.211 e nº 5.374 são uma importante vitória no campo da autonomia financeira municipal dos Estados e Municípios e, certamente, influenciarão no julgamento sobre a constitucionalidade das taxas de fiscalização de recursos minerários instituídas

---

o valor das quotas a que cada um deles fará jus, considerando os entendimentos entre os Estados-membros e o Distrito Federal realizados no âmbito do Conselho Nacional de Política Fazendária – CONFAZ." (BRASIL. Supremo Tribunal Federal. *Ação Direta de Inconstitucionalidade por Omissão nº 25*. Rel. Min. Gilmar Mendes, Pleno, j. 30 nov. 2016, DJe-18 18 ago. 2017).

[85] Como destacam Onofre Batista Junior e Marina Soares Marinho: "O julgamento do STF na ADO 25 fez inúmeras referências ao federalismo e à concentração de poder na União Federal em detrimento dos entes federados. Foram reconhecidos os prejuízos que os Estados exportadores tiveram (não apenas financeiros) e foi dado destaque ao caráter compensatório da norma incluída no art. 91 do ADCT. O STF, portanto, impôs o reequilíbrio federativo e exerceu sua importante função de guardião do pacto federativo" (BATISTA JUNIOR, Onofre; MARINHO, Marina Soares. As esperanças de reequilíbrio federativo trazidas pela ADO 25. *In*: BATISTA JUNIOR, Onofre. *O federalismo na visão dos Estados*. Belo Horizonte: Letramento, 2018, p. 172-197, p. 194).

[86] BRASIL. Supremo Tribunal Federal. *Ação Direta de Inconstitucionalidade nº 6.211*. Rel. Marco Aurélio, Pleno, j. 04 dez. 2019, DJe-109 05 maio 2020.

[87] BRASIL. Supremo Tribunal Federal. *Ação Direta de Inconstitucionalidade nº 5.374*. Rel. Roberto Barroso, Pleno, j. 24 fev. 2021, DJe-047 12 mar. 2021.

pelos Estados do Amapá (ADI 4.787), Pará (ADI 4.786) e Minas Gerais (ADI 4.785).[88]

Os casos analisados (ADI 1.423, ADO 25, ADI 6.211 e ADI 5.374) demonstram atuações do STF no sentido de proteger a autonomia financeira dos entes, em parte garantida pelo sistema de partilha constitucional de rendas contra investidas inconstitucionais de outros entes integrantes da federação.

Esses casos demonstram o importante papel do Poder Judiciário, em especial do STF, em garantir o equilíbrio nas relações entre entes federados. Da perspectiva financeira, esse equilíbrio está associado ao volume de recursos constitucionalmente destinados (receitas transferidas), cuja redução ilícita deve ser corrigida.

Buscou-se, até aqui, demonstrar que o federalismo está na gênese da ordem constitucional brasileira. Ofensas ao princípio federativo podem ter origem em atuações que comprometem a autonomia financeira dos entes federados, assegurada constitucionalmente – entre outros aspectos – por um conjunto de regras que estabelecem a partilha de recursos arrecadados.

1.4 Conclusão parcial

A construção do modelo federativo brasileiro é um fenômeno histórico, fruto de tensões sobre a repartição das competências constitucionais e das fontes de financiamento destinadas à sua concretização. De berço, portanto, a descentralização política está atrelada à partilha das fontes de financiamento.

O equilíbrio entre competências e fontes de financiamento é um vetor constitucional da maior importância e seu rompimento representa, na ordem constitucional vigente, ameaça à cláusula pétrea que confere hiper-rigidez constitucional à forma federativa do Estado brasileiro (art. 60, §4º, inciso I, da CRFB).

A autonomia política constitucionalmente assegurada está associada ao livre exercício das competências conferidas pelo texto básico à União, aos Estados-membros, ao Distrito Federal e aos Municípios.

---

[88] HORVATH, Estevão; PINHEIRO, Hendrick. A inconstitucionalidade das taxas de fiscalização recursos hídricos – TFRH (ADI 6211/AP e ADI 5374/PA): avanços e perspectivas para as taxas de polícia ambiental. *In*: BERNARDES, Flávio Couto; MATA, Juselder Cordeiro da; LOBATO, Valter de Souza. *ABRADT*: estudos em homenagem ao Professor José Souto Maior Borges. Belo Horizonte: Arraes, 2021.

Todavia, é importante assinalar que a manifestação de autonomia política de um ente não pode comprometer o exercício da autonomia financeira de outro ente federado. A necessidade de autocontenção política é, assim, uma decorrência da igualdade fundamental entre as entidades federativas.

A tributação é uma das formas de manifestação da autonomia política. Justamente para evitar que a competência para gravar manifestações econômicas seja utilizada por um ente federado para impedir o exercício da autonomia de outro, nasceu a ideia de imunidade recíproca, derivada inicialmente do princípio federativo e, desde há muito, positivada como regra em nosso sistema constitucional.

Embora seja uma conquista evolutiva importante, a garantia de imunidade recíproca não é suficiente para evitar todos os conflitos federativos provenientes do exercício da autonomia política no campo tributário. A concessão de incentivos fiscais tomando por base tributos cujo produto da arrecadação é partilhado – fenômeno conhecido como "cortesia com chapéu alheio" – é um exemplo de exteriorização de autonomia política potencialmente danosa às relações federativas, que escapa aos limites ao exercício do poder de tributar expressamente postos em nossa Constituição. É, portanto, papel da doutrina reconstruir, a partir de uma análise de matriz constitucional, as balizas aplicáveis ao fenômeno.

A necessidade de estabelecer limites ao exercício da autonomia política dos entes detentores de competência tributária sobre tributos com rendas compartilhadas emerge, justamente, da premissa de que essas rendas são parte da garantia da autonomia financeira de seus destinatários. Ao renunciar a parte da receita futura nesses tributos, o titular da competência escolhe como serão aplicadas, pela via indireta, a sua parcela do produto da arrecadação e a cota do ente destinatário.

Na perspectiva do ente destinatário, titular de parcela do produto da arrecadação, a concessão de incentivos fiscais em tributos com receita compartilhada é uma espécie de *renúncia heterônoma indireta*. A receita jamais é arrecadada (renúncia), em decorrência de um programa de incentivos criado por outro ente (heterônoma), fazendo com que tanto o titular da competência quanto o destinatário da parcela da arrecadação arquem com os seus impactos orçamentários (indireta).

Ao suportar os custos fiscais, representados pela redução na sua participação na arrecadação de um tributo partilhado, os entes destinatários passam a dispor de um volume menor de recursos para o desenvolvimento de suas missões constitucionais. Assim, a "cortesia com chapéu alheio" tem impactos na sua autonomia financeira, razão pela qual é importante refletir em quais situações este impacto deve ser suportado e em quais delas representa um agir ilícito, praticado no contexto das relações federativas.

Se é uma máxima do Direito que todo aquele que causa danos a terceiro tem o dever de repará-los, esta situação não é diferente no contexto das relações interfederativas. Caso a redução no volume de recursos repassados ao ente destinatário de parcela da receita decorra de uma atuação ilícita, cabe ao titular da competência recompor o volume de recursos perdidos (pelo ente federativo destinatário da partilha).

Como na tributação vige o princípio da legalidade estrita, a fonte dos atos ilícitos eventualmente praticados no contexto da "cortesia com chapéu alheio" é a atividade legislativa. Identificado o ilícito, proveniente do exercício irregular do poder de legislar negativamente em matéria tributária, o dano pode ser quantificado a partir do impacto do respectivo programa na redução do volume de recursos repassados. A responsabilidade extracontratual objetiva do Estado – prevista no art. 37, §6º, da CRFB – é aplicável ao caso, cabendo ao ente prejudicado demonstrar o nexo causal entre o dano sofrido e a conduta do ente que praticou o ato ilícito.

A configuração do ato ilícito derivado da atividade legislativa pode ter como base, até mesmo, uma lei constitucional, desde que se identifique uma quebra extraordinária na confiança legítima esperada nas relações recíprocas entre os entes federativos. Note-se que o ilícito, no caso de leis constitucionais, estaria calcado exclusivamente na quebra de confiança, razão por que caberia ao ente comprovar seu caráter extraordinário, derivado da alteração de uma direção normativa que era, em tese, previsível a partir dos elementos até então existentes.

Esta quebra de confiança fica mais patente quando o exercício da competência legislativa é realizado fora dos limites estabelecidos pela Constituição. A responsabilização civil dos Estado por atos inconstitucionais impõe que os prejuízos oriundos da atuação desconforme com a Carta da República sejam recompostos pelos entes responsáveis. No caso das leis inconstitucionais, portanto, a configuração do ato ilícito praticado pelo ente que instituiu o incentivo é mais evidente.

A criação de programas de incentivo fiscal em desconformidade com os ditames da Constituição da República tem repercussão direta na repartição federativa de receitas. A inconstitucionalidade desses benefícios impacta diretamente a arrecadação dos destinatários de parcela da receita, que se veem privados dos recursos necessários para a realização de seus misteres constitucionalmente atribuídos.

Nessa linha, cabe ao titular da competência – que agiu de maneira contrária ao Direito ao criar um programa de incentivo fiscal inconstitucional – recompor o volume de receitas que deixou de ser repassado aos Municípios. A responsabilização civil tem o objetivo de restabelecer o equilíbrio federativo, agredido por uma atuação inconstitucional.

Os conflitos federativos ocasionados pelo exercício abusivo da autonomia política não são nenhuma novidade, nem ocorrem exclusivamente no campo tributário. Nessa linha, é fundamental o papel do Supremo Tribunal Federal, que, ao interpretar os limites das normas de competência constitucional, acaba balizando limites e induzindo equilíbrio nas relações entre entes federativos.

No papel de guardião da autonomia dos entes federativos – embora tenha revelado uma tendência de favorecer a União no julgamento de outros conflitos de competência –, no campo da tributação, os julgamentos recentes do STF indicam uma deferência aos Estados-membros, ao Distrito Federal e aos Municípios, com uma compreensão ampla sobre os limites de sua competência tributária.

CAPÍTULO 2

"CORTESIA COM CHAPÉU ALHEIO": INCENTIVOS FISCAIS E REPARTIÇÃO DE RECEITAS

Entre os papéis desempenhados pelo Supremo Tribunal Federal está o de arbitrar conflitos entre os entes federados e ele o desempenha fixando parâmetros interpretativos para normas constitucionais que estabelecem competências legislativas. Nesse contexto, conforme demonstrado no capítulo anterior, a Corte Constitucional já se manifestou em diversos casos emblemáticos que envolviam tensões entre autonomia política e autonomia financeira dos entes federados.

A expressão *"cortesia com chapéu alheio"*, no contexto em que aqui é utilizada, foi cunhada pelo Ministro Ricardo Lewandowski, no julgamento do RE nº 572.762 (que deu origem à tese de repercussão geral nº 42), para qualificar um programa de incentivos do Estado de Santa Catarina, estabelecido com o objetivo de fomentar alguns setores econômicos por meio de desonerações de ICMS, mas que teria prejudicado a arrecadação dos Municípios daquele Estado. Esse fenômeno é uma manifestação específica da tensão entre os aspectos político e financeiro da autonomia dos atores no federalismo brasileiro.

Embora não tenha sido o primeiro caso distribuído no STF que envolvia a discussão sobre os impactos de incentivos fiscais concedidos em tributos com receitas partilhadas,[89] este julgamento trouxe à tona uma importante discussão sobre os limites aplicáveis aos entes federativos

---

[89] É importante destacar que a ACO nº 758, por exemplo, foi distribuída antes do RE nº 572.762, mas foi julgada muito posteriormente.

no exercício do "poder de eximir", anverso do poder de tributar, nas lapidares palavras de Souto Maior Borges.[90]

Para abordar a questão, será analisado, na primeira seção, o fenômeno da repartição de receitas e sua importância no federalismo brasileiro. O foco será apresentar os chamados "tributos partilhados",[91] que integram a competência tributária de um ente federativo, mas cujo produto da arrecadação é compartido com outros entes.

Na segunda seção, o objetivo será reconstruir de maneira breve o regime jurídico dos incentivos fiscais no ordenamento brasileiro e seus impactos orçamentários, por meio das regras aplicáveis à renúncia de receitas.

Nas três seções que se seguem (2.3, 2.4 e 2.5), o objetivo será avaliar os argumentos e a lógica jurídica utilizada pelo STF no julgamento de precedentes que tiveram como foco o eventual dever de indenizar os impactos arrecadatórios decorrentes da instituição de incentivos fiscais sobre tributos partilhados.

Na seção 2.6, empreende-se a reflexão sobre os parâmetros emergentes da jurisprudência da Corte para casos de *"cortesia com chapéu alheio"*.

2.1 Repartição de receitas e federalismo fiscal

O debate sobre as fontes de financiamento no federalismo brasileiro remonta às origens da Constituição Republicana de 1891. Naquela oportunidade, o conflito entre Estados e União tinha como foco o poder de tributar de maneira exclusiva determinadas materialidades.[92]

Esta opção por uma noção de autonomia financeira baseada na repartição das fontes autônomas de receita permeou as ordens constitucionais de 1934, 1937 e ainda se fazia presente no texto original da Constituição de 1946.[93]

---

[90] BORGES, José Souto Maior. *Teoria geral da isenção tributária*. 3. ed. São Paulo: Malheiros, 2001, p. 30.

[91] ROSENBLATT, Paulo; DE SOUZA LEÃO, Caio. A crise do federalismo brasileiro e as consequências para os Municípios dos incentivos fiscais em tributos partilhados: a (im) possibilidade de uma solução judicial. *Revista de Direito da Cidade*, v. 10, n. 4, p. 2.487-2.510, dez. 2018.

[92] BARBOSA, Rui. Discurso "Organização das finanças republicanas". *In*: SANTI, Eurico Marcos Diniz de. *Curso de direito tributário e de finanças públicas*. São Paulo: Saraiva, 2008, p. 158-172.

[93] Gerson Augusto da Silva apontava que o critério de discriminação de competências de maneira individualizada por espécies tributárias adotado pelo texto original da Constituição de 1946 apresentava vantagens e desvantagens: "Se, por um lado, tem o grave defeito de

Aliás, cabe mencionar que o sistema tributário incorporado em 1946 foi muito influenciado pela Conferência Nacional de Legislação Tributária, realizada em 19 de novembro de 1941, em que foram debatidos alguns problemas do sistema tributário nacional. Por ocasião desse encontro, Carvalho Pinto apresentou, pela delegação de São Paulo, uma monografia em que defendia a manutenção de uma discriminação rígida de competências tributárias, criticando o sistema de repartição de parte do produto da arrecadação.[94]

A compreensão da autonomia financeira baseada exclusivamente nos campos de competência tributária próprios, no entanto, foi sendo mitigada por emendas à Constituição de 1946, que introduziram regras de partilha do produto da arrecadação de alguns impostos.[95] Prevaleceu o posicionamento de autores como Goffredo da Silva Telles Jr., que defendia a repartição de receitas como um importante instrumento para garantir a autonomia dos entes federados.[96]

A ideia de uma repartição de rendas que combinava competências exclusivas com repartição do produto da arrecadação de alguns tributos estava na base da reforma tributária implementada pela Emenda Constitucional 18, de 1 de dezembro de 1965 (a última reforma tributária digna do nome que tivemos até a presente data), que buscou racionalizar o sistema tributário com base em um projeto de desenvolvimento, claramente centralizador.[97] Nesse contexto, se buscava a construção de

---

amarrar a discriminação de rendas e a própria evolução do sistema tributário à rigidez do texto constitucional, por outro, possui o mérito de facilitar o trabalho de codificação e sistematização dos impostos, permitindo, além disso, uma separação mais nítida dos campos de competência fiscal das diversas unidades." (SILVA, Gerson Augusto da. *Sistema Tributário Brasileiro*. Brasília: ESAF, 1986, p. 35).

[94] Para ao autor, o sistema de repartição de receitas apresentava as seguintes desvantagens: 1) menor precisão nas previsões orçamentárias (por depender de informações do ente arrecadador); 2) menor segurança de receita (por depender da transferência dos recursos em poder de quem arrecadou); 3) sujeição da receita a riscos decorrentes do processo de instituição e arrecadação dos tributos; 4) redução da receita em razão da ineficiência do órgão arrecadador; 5) impopularidade do regime em face da não percepção sobre a aplicação dos recursos; 6) dificuldade na fixação das cotas destinadas aos beneficiários (CARVALHO PINTO, Carlos Alberto de. *Discriminação de rendas*. São Paulo: Prefeitura do Município de São Paulo, 1941, p. 75-79).

[95] São elas a Lei nº 302, de 13 de julho de 1948, e as Emendas Constitucionais nº 5, de 21 de novembro de 1961, e nº 10, de 9 de novembro de 1964.

[96] TELLES JR., Goffredo. Discriminação constitucional de fontes de receita tributária. *Revista de Direito Público*. São Paulo: RT, n. 4, p. 125-144, 1968.

[97] AGUIAR, Andrei. *Formação da matriz tributária e desenvolvimento econômico no Brasil*. 182 f. Dissertação (Mestrado em Direito) – Faculdade de Direito, Universidade de São Paulo, 2020, p. 67.

um "federalismo financeiro de integração",[98] que mitigava autonomia dos Estados e Municípios e promovia uma redistribuição de parte dos recursos arrecadados diretamente pela União.[99]

É importante que se compreenda, em um primeiro momento, que a existência de tributos cuja receita é repartida entre entes da federação no Brasil não é um dado ontológico, mas um processo histórico-evolutivo. Esse método foi sendo incorporado gradativamente, à medida que as resistências que se acorrentavam ao paradigma de autonomia financeira baseada exclusivamente em fontes de receitas próprias foram sendo vencidas, o que abriu espaço para modernização do sistema de repartição de rendas.

Nesse sentido, cabe a remissão à clássica monografia de Sampaio Dória, "Discriminação de receitas tributárias", na qual o autor, ainda no contexto da ordem de 1967, expõe que a autonomia financeira, condição para o exercício da autonomia política dos entes federados, está atrelada à garantia de acesso a recursos suficientes para o desempenho da missão constitucional, que podem vir de fontes próprias ou da participação na arrecadação de tributos administrados por outros entes federativos.[100]

A Constituição de 1988 aprimorou tanto o sistema de partilha de fontes de financiamento próprias dos entes federados, com o aumento do espaço de atuação dos Estados-membros, Distrito Federal e Municípios,[101] quanto o modelo de repartição obrigatória do produto da arrecadação de alguns tributos.[102]

---

[98] COMISSÃO DE REFORMA. Relatório. *In*: REZENDE, Fernando; AFONSO, José Roberto. *50 anos da Reforma Tributária Nacional*: origens e lições. Rio de Janeiro: FGV/IBRE, 2014, p. 5-160, p. 30.

[99] Contreiras de Carvalho registrou que a Constituição de 1967, ao adotar um sistema de rateio do produto da arrecadação de impostos da União – que, justamente por serem compartilhados, eram denominados "nacionais" –, buscava compensar o caráter centralizador do sistema tributário (CONTREIRAS DE CARVALHO, Anísio Astério. *Doutrina e aplicação do direito tributário*. São Paulo: Freitas Bastos, 1969, p. 282).

[100] SAMPAIO DÓRIA, Antônio Roberto. *Discriminação de rendas tributárias*. São Paulo: José Bushatsky, 1972, p. 16-17.

[101] DERZI, Misabel de Abreu Machado. Repartição de receitas tributárias: finanças públicas: normas gerais e orçamentos. *Revista da Faculdade de Direito*. Belo Horizonte, n. 33, p. 351-402, 1991, p. 361.

[102] Como bem pondera Gilberto Bercovici, "a participação de um ente na receita pode ocorrer devido a uma imposição constitucional (repartição vinculada e obrigatória) ou devido a uma deliberação livre e espontânea do ente federativo concedente (repartição não-vinculada e facultativa)." (BERCOVICI, Gilberto. *Desigualdades regionais, Estado e Constituição*. São Paulo: Max Limonad, 2003, p. 162).

Em relação aos tributos sujeitos à repartição obrigatória do produto da arrecadação, a CRFB trouxe três sistemas diferentes: "a participação direta dos Estados e Municípios no imposto de renda da União, a participação no produto de impostos de receitas partilhadas e a participação em Fundos".[103]

A primeira modalidade está positivada nas regras dos arts. 157, inciso I, e 158, inciso I, da CRFB, que estabelecem a titularidade de Estados, Distrito Federal e Municípios sobre a totalidade dos valores retidos na fonte a título de Imposto de Renda incidente sobre rendimentos pagos por entidades da Administração direta e indireta.

Esta regra abrange todo e qualquer imposto retido na fonte pelas entidades da Administração estadual, distrital ou municipal, mas é importante registrar que houve controvérsia acerca de sua interpretação. A União, por meio de uma série de atos normativos[104] e interpretativos infralegais,[105] entendia que a expressão "sobre rendimentos pagos, a qualquer título, por eles, suas autarquias e pelas fundações que instituírem e mantiverem" abrangia apenas rendimentos pagos pelo trabalho. Com este entendimento, buscava imputar à regra atual o regime semelhante ao da Ordem Constitucional de 1967, que restringia o direito dos Estados, Distrito Federal e Municípios aos "rendimentos do trabalho e de títulos da dívida pública por eles pagos",[106] considerando

---

[103] HARADA, Kiyoshi. Repartição de receitas. *In*: MARTINS, Ives Gandra da Silva; MENDES, Gilmar Ferreira; NASCIMENTO, Carlos Valder do. *Tratado de Direito Financeiro*. São Paulo: Saraiva, 2013, v. 2, p. 50-70. p. 54.

[104] A IN nº 1.599/2015, no art. 6º, §7º, eximia Estados, Distrito Federal e Municípios de declararem na DCTF apenas "rendimentos pagos a qualquer título a servidores e empregados". Posteriormente, a redação desse dispositivo foi alterada pela IN nº 1.646/2016 para englobar qualquer rendimento sujeito à retenção, redação que permanece vigente na IN nº 2.005/2021 (BRASIL. Receita Federal do Brasil. *Instrução Normativa nº 1.599, de 11 de dezembro de 2015*. Disponível em: http://normas.receita.fazenda.gov.br/sijut2consulta/link.action?idAto=70249. Acesso em: 11 out. 2021).

[105] A Solução de Consulta COSIT nº 166, de 22 de junho de 2005, reafirmou este entendimento: "O art. 158, inciso I, da Constituição Federal permite que os Municípios possam incorporar diretamente ao seu patrimônio o produto da retenção na fonte do Imposto de Renda incidente sobre rendimentos do trabalho que pagarem a seus servidores e empregados. [...] Por outro lado, deve ser recolhido à Secretaria da Receita Federal do Brasil o Imposto de Renda Retido na Fonte pelas Municipalidades, incidente sobre rendimentos pagos por estas a pessoas jurídicas, decorrentes de contratos de fornecimento de bens e/ou serviços." (BRASIL. Receita Federal do Brasil. *A Solução de Consulta COSIT nº 166, de 22 de junho de 2015*. Disponível em: http://normas.receita.fazenda.gov.br/sijut2consulta/link.action?idAto=65684&visao=anotado. Acesso em: 11 out. 2021).

[106] HARADA, Kiyoshi. Repartição de receitas. *In*: MARTINS, Ives Gandra da Silva; MENDES, Gilmar Ferreira; NASCIMENTO, Carlos Valder do. *Tratado de Direito Financeiro*. São Paulo: Saraiva, 2013, v. 2, p. 50-70, p. 54.

que as retenções sobre outros rendimentos deveriam ser repassadas à União Federal.

Essa questão foi enfrentada pelo Supremo Tribunal Federal no Recurso Extraordinário com Repercussão Geral nº 607.886, no qual ficou consignado que "é dos Estados e Distrito Federal a titularidade do que arrecadado, considerado Imposto de Renda, incidente na fonte, sobre rendimentos pagos, *a qualquer título*, por si, autarquias e fundações que instituírem e mantiverem" (grifou-se).[107] Esse julgado é importante pelo que disse de maneira sutil. O processo discutia a titularidade de receitas de IR incidente sobre um adicional de aposentadoria, que *não* pode ser qualificado como rendimento do trabalho. Ao reconhecer que tais valores pertencem ao Estado do Rio de Janeiro, o STF acabou por legitimar que a expressão "a qualquer título" outorga a Estados e Distrito Federal todo e qualquer valor de IR retido na fonte, independentemente de sua origem. Restou, pois, refutada a tese da União de que a titularidade dos Estados e do Distrito Federal estaria restrita aos rendimentos do trabalho.

Essa decisão teve como foco a redação do art. 157, inciso I, da CRFB; ou seja, em tese, aplica-se apenas a Estados e Distrito Federal. Contudo, considerando que os Municípios estão sujeitos a um regime idêntico, por simetria federativa é possível compreender que as razões de decidir esposadas pelo STF também se aplicam na compreensão do alcance da regra do art. 158, inciso I, da CRFB.

Passando para a participação no produto da arrecadação de outros tributos, a Constituição estabelece que entes federativos terão uma participação previamente estabelecida no resultado dessa arrecadação, a saber: a) Imposto Territorial Rural (ITR) (art. 158, inciso II); b) Imposto sobre a Propriedade de Veículos Automotores (IPVA) (art. 158, inciso III); c) Imposto sobre a Circulação de Mercadorias e Serviços (ICMS) (art. 158, inciso VI); d) Imposto sobre Operações Financeiras incidente sobre operações com ouro como ativo financeiro ou instrumento cambial (IOF-Ouro) (art. 153, §5º); e) Contribuição de Intervenção no Domínio Econômico incidente sobre combustíveis (Cide Combustíveis) (art. 159, inciso III); f) Impostos Residuais (art. 157, inciso II); g) Imposto Sobre Produtos Industrializados (IPI) (art. 159, inciso II). Em todos esses casos, o detentor da competência é responsável pela instituição e arrecadação

---

[107] BRASIL. Supremo Tribunal Federal. *Recurso Extraordinário nº 607.886*. Rel. Min. Marco Aurélio, Pleno, j. 17 maio 2021, DJe 101 27 maio 2021.

dos tributos e a parcela do produto que foi outorgada constitucionalmente a outro membro da federação não se incorpora ao seu patrimônio, devendo ser remetida ao ente beneficiário.[108]

Além das modalidades de participação direta (retenção na fonte) e participação no produto da arrecadação de tributos, nas quais o processo de partilha decorre de uma relação jurídica estabelecida entre o ente arrecadador e o destinatário, sem qualquer tipo de intermediação, existem as regras que destinam parte da receita de tributos a fundos de participação ou de financiamento, que, de maneira indireta, são repartidas entre seus beneficiários.[109]

É também objeto de repartição indireta parte das receitas arrecadadas com o Imposto de Renda (IR) e com o Imposto sobre Produtos Industrializados (IPI), que serão destinadas ao fundo de participação dos Estados e do Distrito Federal (FPE) (art. 159, inciso I, "a"), ao Fundo de Participação dos Municípios (FPM) (art. 159, inciso I, "b") e aos Fundos de Desenvolvimento destinados às Regiões Norte, Nordeste e Centro-Oeste (art. 159, inciso I, "c").

Essas regras que estabelecem os fundos de participação de desenvolvimento como destino de parcela dos recursos arrecadados pela União com o IR e o IPI são um mecanismo que instrumentaliza a repartição de receitas entre os entes federativos no contexto de descentralização fiscal.[110]

O acesso aos recursos provenientes da arrecadação de tributos objeto de partilha de receita é tão importante que a Constituição positivou uma regra que proíbe retenções, exceto nos casos expressamente previstos (art. 160) e, no caso de parte (2%) dos recursos federais destinados ao Fundo de Participação dos Municípios, estabelece prazo máximo para a entrega pela União (art. 159, inciso I, "d" e "e").

Destaque-se que as regras de repartição de receitas, que estabelecem uma "participação" no produto da arrecadação, operam em um momento posterior ao exercício da competência para instituir o tributo.[111] Assim, "somente pode existir o direito à participação no produto

---

[108] ATALIBA, Geraldo. *Sistema constitucional tributário brasileiro*. São Paulo: RT, 1968, p. 221-222.

[109] ABRAHAM, Marcus. *Curso de direito financeiro brasileiro*. 4. ed. Rio de Janeiro: Forense, 2017, p. 124.

[110] CARVALHO, André Castro. *Vinculação de receitas públicas*. São Paulo: Quartier Latin, 2010, p. 117.

[111] CARRAZZA, Roque Antonio. *Curso de direito constitucional tributário*. 22. ed. São Paulo: Malheiros, 2006, p. 647.

da arrecadação se e quando a pessoa política obrigada a repartir esse produto tiver criado o tributo correspondente àquela participação".[112]

A instituição do tributo integra o campo da autonomia política dos entes federados. Porém, uma vez instituído, o beneficiário adquire o direito a parte dos recursos arrecadados. Assim, uma ação dos entes detentores da competência tributária que prejudiquem a partilha, como bem pondera Gilberto Bercovici, "pode ser contestada pelos beneficiários, que têm direito ao ressarcimento dos prejuízos causados pela redução indevida dos recursos a eles destinados".[113]

O tema da "cortesia com chapéu alheio" se coloca nesse contexto. Trata-se de incentivos fiscais concedidos sobre tributos com receita partilhada, que têm como reflexo a redução no volume de recursos compartilhados.

2.2 Incentivos fiscais e renúncia de receias

"Incentivos fiscais" é um conceito da ciência das finanças que designa um gênero que abrange uma variedade de institutos jurídicos, como isenções, reduções de alíquota, bonificações, depreciação acelerada, entre outros,[114] que visam à promoção do desenvolvimento econômico e social.[115]

A expressão "incentivos fiscais" não é objeto de uma conceituação unívoca ou mesmo mais detalhada pela legislação brasileira.[116] É certo, porém, que estes englobam tanto modalidades implementadas por meio de normas do Direito Tributário quanto do Direito Financeiro, que concedam "a particulares vantagens passíveis de expressão em pecúnia, com objetivo de realizar finalidades constitucionalmente previstas por meio da intervenção estatal por indução".[117]

---

[112] OLIVEIRA, Regis Fernandes de; HORVATH, Estevão. *Manual de direito financeiro*. 2. ed. São Paulo: RT, 1997, p. 58.

[113] BERCOVICI, Gilberto. *Desigualdades regionais, Estado e Constituição*. São Paulo: Max Limonad, 2003, p. 162.

[114] TILBERY, Henry. Base econômica e efeito das isenções. *In*: SAMPAIO DÓRIA, Antônio Roberto (coord.). *Incentivos para o desenvolvimento*. São Paulo: José Bushatski, [197-], p. 17-67, p. 21.

[115] CALDERARO, Francisco Roberto Souza. *Incentivos fiscais*: sua natureza jurídica. São Paulo: Aduaneiras, 1980, p. 47.

[116] LIMA, Rogério. Incentivo Tributário. *In*: MACHADO, Hugo de Brito (coord.). *Regime jurídico dos incentivos fiscais*. São Paulo: Malheiros, 2015, p. 482-506, p. 490-491.

[117] ASSUNÇÃO, Matheus Carneiro. Incentivos fiscais em tempos de crise: impactos econômicos e financeiros. *Revista da PGFN*, v. 1, n. 1, p. 99-121, 2011, p. 107.

Os incentivos fiscais são ferramentas utilizadas pela atividade administrativa de fomento,[118] com o objetivo de auxiliar o desenvolvimento e a expansão de atividades privadas de interesse coletivo,[119] promovendo a colaboração entre Administração Pública e administrados.[120]

No fomento, o Estado não assume a titularidade de uma determinada atividade ou a responsabilidade de fornecê-la, mas atua, por meio de comandos normativos, para orientar e direcionar a atuação dos agentes privados na obtenção de determinado objetivo de interesse coletivo.[121]

A atividade de fomento envolve o oferecimento de recompensas (positivas ou negativas) para estimular ou desestimular determinados comportamentos. Estas podem ser honoríficas, jurídicas e econômicas,[122] sendo as últimas as mais comuns e eficazes para o estímulo da atividade privada.[123]

A política fiscal, referente aos ingressos e aos gastos públicos, é um dos instrumentos-chave para a operacionalização do fomento econômico.[124] No campo dos ingressos, elementos integrantes do sistema tributário podem ser utilizados para elevar ou reduzir a carga incidente sobre determinado setor ou atividade, com vistas a estimular ou desestimular seu desenvolvimento.

Os incentivos fiscais tributários podem ser implementados por meio de "medidas de desoneração tributária que geram a redução ou

---

[118] Para Luis Jordana de Pozas fomento pode ser definido como *"la acción de la Administración determinada a proteger o promover aquellas actividades, establecimientos o riquezas debidos a los particulares y que satisfacen necesidades públicas o se estiman de utilidad general, sin usar la coacción ni crear servicios públicos."* (POZAS, Luis Jordana de. Ensayo de una teoría del fomento en el derecho administrativo. *Revista de Estudios Politicos*, n. 48, p. 44-54, 1949, p. 46).

[119] BANDEIRA DE MELLO, Celso Antonio. *Prestação de serviços públicos e administração indireta*. 2. ed. São Paulo: RT, 1983, p. 17.

[120] MOREIRA NETO, Diogo Figueiredo. *Curso de Direito Administrativo*: parte introdutória. 12. ed. Rio de Janeiro: Forense, 2001, p. 513.

[121] MARQUES NETO, Floriano de Azevedo. Fomento. *In*: DI PIETRO, Maria Sylvia Zanella (coord.). *Funções administrativas do Estado*. São Paulo: Revista dos Tribunais, 2015, v. 4, p. 403-508, p. 413.

[122] POZAS, Luis Jordana de. Ensayo de una teoría del fomento en el derecho administrativo. *Revista de Estudios Politicos*, n. 48, p. 44-54, 1949, p. 53.

[123] ORTEGA, Ricardo Rivero. *Derecho administrativo económico*. 5. ed. Madri: Marcial Pons, 2009, p. 177.

[124] ORTIZ, Gaspar Ariño. *Principios de derecho público económico*. Granada: ARA, 1999, p. 290.

o diferimento de custos de produção, tais como isenção, redução de alíquotas, diferimento ou parcelamento de pagamento de tributos".[125]

As medidas de incentivo fiscal tributário inserem-se no contexto da "extrafiscalidade", conceito que descreve a utilização de instrumentos tributários com vistas à realização de fins que transcendem a necessidade de arrecadação de recursos públicos.[126] Quando da sua utilização pelo legislador, não se tem como objetivo primordial abastecer os cofres públicos de dinheiro, mas sim estimular ou desestimular comportamentos. Os objetivos extrafiscais que se pretende atingir com incentivos fiscais tributários legitimam o déficit de igualdade decorrente das medidas de estímulo.[127]

O fomento implementado por meio de incentivos fiscais tributários é uma manifestação do fenômeno da intervenção do Estado sobre o domínio econômico, que se legitima por meio das finalidades que pretende atingir.[128]

Como toda modalidade interventiva, a implementação do fomento via incentivos tributários deve ser planejada. O planejamento é um método de indução de racionalidade na atuação do Estado na economia, justificando a mobilização do meio escolhido para a obtenção dos fins colimados.[129]

Os programas de incentivo tributário, enquanto ferramenta da atividade administrativa de fomento, revelam-se como verdadeiras políticas fiscais, implementadas por meio de instrumentos tributários,[130] cujos resultados obtidos podem ser confrontados com os custos a elas associados.

As políticas de incentivo fiscal manejadas por meio do sistema tributário rompem com a igualdade dos contribuintes sob a justificativa

---

[125] MARQUES NETO, Floriano de Azevedo. Fomento. *In*: DI PIETRO, Maria Sylvia Zanella (coord.). *Funções administrativas do Estado*. São Paulo: Revista dos Tribunais, 2015, v. 4, p. 403-508, p. 445.

[126] CARRAZZA, Elisabeth Nazar. *IPTU e progressividade, igualdade e capacidade contributiva*. 2. ed. São Paulo: Quartier Latin, 2015, p. 96.

[127] RIBAS, Lídia Maria; PINHEIRO, Hendrick. Transação tributária como política pública e a importância do gasto tributário como critério de controle. *Nomos: Revista do Programa de Pós-Graduação em Direito da UFC*, v. 38, n. 2, p. 231-272, jul./dez. 2018, p. 234.

[128] COMPARATO, Fábio Konder. Ordem econômica na constituição de 1988. *Revista de Direito Público*. São Paulo, v. 23, n. 93, p. 263-276, jan./mar. 1990, p. 264.

[129] GRAU, Eros Roberto. *Planejamento econômico e regra jurídica*. 1977. 262 p. Tese (Livre Docência em Direito) – Faculdade de Direito, Universidade de São Paulo, 1977, p. 26-27.

[130] BALEEIRO, Aliomar. *Uma introdução à ciência das finanças*. 15. ed. Rio de Janeiro: Forense, 1998, p. 29.

de atingir valores também relevantes sob o ponto de vista constitucional. Isso implica considerar que tais políticas estão sujeitas a avaliação que confronte os custos associados à realização dos objetivos que legitimaram a sua criação.[131]

A proposta de avaliação de *"tax expenditures"*,[132] ou gastos tributários,[133] surge no fim da década de 1960, como uma consequência do processo intervencionista de matriz keynesiana experimentado pelas economias ocidentais a partir da década de 1930,[134] que também implicou o aumento da utilização de instrumentos de política fiscal[135] e desaguou em uma considerável erosão das bases tributárias.[136] Essa técnica econômica busca estimar o custo da perda de arrecadação derivada de medidas de incentivo tributário, que criam exceções ao chamado nível de tributação "normal".[137]

A necessidade de registro do impacto orçamentário das políticas implementadas por meio da política fiscal toma por premissa que aquelas são "equivalentes a gastos diretos do governo, tendo apenas a particularidade de serem canalizados através do sistema tributário".[138]

Por meio dos gastos tributários torna-se possível avaliar: a escolha pública de realizar o emprego de um volume determinado de recursos para financiar uma finalidade; o desempenho do programa em relação aos objetivos fixados; e os beneficiários dos recursos públicos

---

[131] PINHEIRO, Hendrick. *Transação tributária, planejamento e controle*. Belo Horizonte: Fórum, 2021, p. 99.

[132] SURREY, Stanley S. Tax Incentives as a Device for Implementing Government Policy: a comparison with direct government expenditures. *Harvard Law Review*, v. 83, n. 4, p. 705-738, fev. 1970.

[133] Ou, mais clara e simplesmente, *renúncia de receitas*.

[134] AFONSO, José Roberto Rodrigues. *Keynes, crise e política fiscal*. São Paulo: Saraiva, 2012, p. 28-41.

[135] OLIVER, Philip D. *Tax Policy*: readings and materials. New York: Thomson-West, 2004, p. 667.

[136] BRIXI, Hana Polackova. Managing tax expenditures: policy options. *In*: BRIXI, Hana Polackova; VALENDUC, Christian N. A.; SWIFT, Zhicheng Li (ed.). *Tax expenditures*: shedding light on government spending through the tax system. Washington (US): The World Bank, 2004, p. 227-233, p. 288.

[137] BROWN, Colin. Tax expenditures in Australia. *In*: BRIXI, Hana Polackova; VALENDUC, Christian N. A.; SWIFT, Zhicheng Li (ed.). *Tax expenditures*: shedding light on government spending through the tax system. Washington (US): The World Bank, 2004, p. 45-61, p. 45.

[138] VILLELA, Luiz Arruda. *Gastos tributários e justiça fiscal*: o caso do IRPF no Brasil. 1981. 97 p. Dissertação (Mestrado em Economia) – Departamento de Economia, Pontifícia Universidade Católica do Rio de Janeiro, Rio de Janeiro, 1981, p. 14. ·

representados pela renúncia.[139] Também são dividendos positivos a promoção de transparência e o desestímulo a comportamentos oportunistas por parte dos beneficiários.[140]

É importante destacar que o sistema de apuração dos gastos tributários é uma ferramenta econômica utilizada para avaliar o custo de políticas implementadas mediante o sistema tributário. Por meio dessa técnica, o impacto orçamentário pode ser quantificado e registrado na modalidade de renúncia de receitas.

A disposição do art. 165, §6º, da CRFB, que estabelece que a Lei Orçamentária Anual virá acompanhada de "demonstrativo regionalizado do efeito, sobre as receitas e despesas, decorrente de isenções, anistias, remissões, subsídios e benefícios de natureza financeira, tributária e creditícia", busca, entre outros fins, garantir que o custo dos programas seja estimado ano a ano, tornando possível seu controle enquanto modalidade de aplicação indireta de recursos sociais, pois "para planejar é indispensável ter conhecimento do que se vai e também do que não se vai arrecadar – aqui sob a forma de 'renúncia'".[141]

As renúncias podem afetar a estimativa de receitas e seus impactos podem prejudicar o atendimento dos objetivos e metas fixados pela Lei de Diretrizes Orçamentárias (art. 165, §2º, da CRFB) e, com isso, o equilíbrio orçamentário.[142] Para evitar estas consequências negativas, a Lei de Responsabilidade Fiscal (LRF) estabelece que a estimativa da renúncia de receitas e/ou as medidas previstas para a compensação da queda na arrecadação devem ser previstas no Anexo de Metas Fiscais (art. 4º, §2º, inciso VI, da LRF).

Embora não haja uma previsão expressa nesse sentido, por simetria àquilo que dispõe a LRF para a criação, expansão ou aprimoramento

---

[139] VILLELA, Luiz Arruda. *Gastos tributários e justiça fiscal*: o caso do IRPF no Brasil. 1981. 97 p. Dissertação (Mestrado em Economia) – Departamento de Economia, Pontifícia Universidade Católica do Rio de Janeiro, Rio de Janeiro, 1981, p. 14.

[140] BRIXI, Hana Polackova. Managing Tax expenditures: policy options. *In*: BRIXI, Hana Polackova; VALENDUC, Christian N. A.; SWIFT, Zhicheng Li (ed.). *Tax expenditures*: shedding light on government spending through the tax system. Washington (US): The World Bank, 2004, p. 227-233, p. 227.

[141] HORVATH, Estevão. *O orçamento no século XXI*: tendências e expectativas. 2014. 418 p. Tese (Titularidade em Direito) – Faculdade de Direito, Universidade de São Paulo, São Paulo, 2014, p. 315.

[142] É importante destacar que o equilíbrio, segundo cremos, não é um princípio constitucional; é apenas mais uma das concepções de orçamento possíveis. Nesse sentido: HORVATH, Estevão. O equilíbrio orçamentário e o orçamento deficitário. *In*: COÊLHO, Marcus Vinicius Furtado; ALLEMAND, Luiz Claudio; ABRAHAM, Marcus. *Reponsabilidade fiscal*: análise da Lei Complementar 101/2000. Brasília: OAB, 2016, p. 239-259.

de ações governamentais implementadas via despesas diretas (art. 16, inciso II, da LRF), enquanto políticas que buscam a realização de objetivos específicos por meio do fomento tributário, esses devem ser compatibilizados com os objetivos e metas estabelecidos pela Administração como um todo no Plano Plurianual (art. 168, §4º, da CRFB).[143]

A disciplina orçamentária das renúncias de receita possibilita uma visão integrada dos custos associados aos programas de incentivo fiscal implementados via sistema tributário.

> No campo orçamentário, o planejamento das medidas de política fiscal que implicam gastos tributários converte-se numa disciplina específica, que viabiliza a análise de seu desempenho por meio de critérios de relevância, efetividade e eficiência. No sistema brasileiro, o planejamento deve demonstrar a necessária *coerência* entre o programa que se pretende implementar e os objetivos e as metas estabelecidos para a Administração pública como um todo, consubstanciados no PPA; explicitar a *coordenação* entre a implementação do programa de transação e o atingimento das metas que regem o sistema de equilíbrio da LDO; e possibilitar o adequado *dimensionamento* dos custos do programa, representados pelo montante da renúncia efetuada, na LOA.[144]

O ordenamento, por meio do art. 14 da LRF, estabelece ainda que a previsão dos impactos das renúncias de receita é requisito de validade para as regras tributárias que instituem os programas de incentivo fiscal.[145]

Reconhecer que as medidas de política fiscal podem representar renúncia de receitas, impacto que deve ser incorporado ao processo orçamentário, é assumir que estas medidas têm custo público e podem ser submetidas a instrumentos de controle.

No contexto dos tributos com receita compartilhada, o debate sobre estes custos públicos ganha outra camada. A instituição de um programa de incentivos tributários representa o exercício da autonomia

---

[143] Como bem destaca José Maurício Conti, a promulgação do PPA tem efeitos vinculantes em relação a todas as políticas públicas, "de modo a tornar coeso o sistema de planejamento da ação governamental no âmbito de cada ente federativo" (CONTI, José Maurício. Plano Plurianual – PPA. *In*: MARTINS, Ives Gandra da Silva; MENDES, Gilmar Ferreira; NASCIMENTO, Carlos Valder (coord.). *Tratado de Direito Financeiro*. São Paulo: Saraiva, 2013, v. 1, p. 322-339, p. 327).

[144] PINHEIRO, Hendrick. *Transação tributária, planejamento e controle*. Belo Horizonte: Fórum, 2021, p. 166.

[145] BEVILACQUA, Lucas. *Incentivos fiscais de ICMS e desenvolvimento regional*. São Paulo: Quartier Latin, 2013, p. 177.

política por um ente federado, titular da competência tributária. Porém, nesses tributos, parte do impacto orçamentário derivado do exercício do poder de exonerar tributos é transferido a outro ente, que seria destinatário de parte de uma arrecadação, que jamais será concretizada. Dito de outra forma, o destinatário de parcela do produto da arrecadação arca com parte do custo da medida implementada pelo ente titular da competência.

A discussão constitucional sobre "cortesia com chapéu alheio", como se verá adiante, levou em consideração os limites a que estão subordinados os entes na instituição de programas de incentivo fiscal por meio de tributos com receitas compartilhadas.

2.3 Recurso Extraordinário nº 572.762/SC: Tese 42

O Recurso Extraordinário nº 572.762/SC foi interposto pelo Estado de Santa Catarina contra uma decisão que condenou o Estado a indenizar os prejuízos suportados pelo Município de Timbó; foi distribuído em 28 de novembro de 2007 e teve a repercussão geral reconhecida em 22 de março de 2008.

Sua tramitação foi relativamente rápida e, no julgamento, ocorrido em 18 de julho de 2008, restou consagrada a expressão "cortesia com chapéu alheio",[146] para designar incentivos concedidos por um ente tributante com relação a tributos que têm o produto da arrecadação partilhado.

O julgamento fixou, em sede de repercussão geral, a tese nº 42, com a seguinte redação: "A retenção da parcela do ICMS constitucionalmente devida aos Municípios, a pretexto de concessão de incentivos fiscais, configura indevida interferência do Estado no sistema constitucional de repartição de receitas tributárias."[147]

---

[146] Sobre a origem da expressão: "[...] Nessa oportunidade, o Min. Lewandowski entendeu que a limitação 'configura indevida interferência do estado no sistema constitucional de repartição de receitas tributárias'. Aduz que o repasse da quota constitucionalmente devida aos Municípios não pode sujeitar-se à condição prevista em programa de benefício fiscal de âmbito estadual. Daí decorre a célebre frase, do ilustre ministro Relator, que compõe o título deste artigo, quando disse que o Estado fazia 'cortesia com chapéu alheio'" (HORVATH, Estevão. A questão do "incentivo com o chapéu alheio" entre União e Estados: RE 705.423/SE, Tema 653/RG-STF. *In*: SCAFF, Fernando Facury et al. (org.). *Federalismo (s)em juízo*. São Paulo: Noeses, 2019, p. 575-588, p.587).

[147] BRASIL. Supremo Tribunal Federal. *Recurso Extraordinário nº 572.762*. Rel. Min. Ricardo Lewandowski, Pleno, j. 18 jun. 2008, DJe-167 05 set. 2008.

CAPÍTULO 2
"CORTESIA COM CHAPÉU ALHEIO": INCENTIVOS FISCAIS E REPARTIÇÃO DE RECEITAS | 57

À época do julgamento, esta decisão deu origem à proposta de Súmula Vinculante nº 30: "É inconstitucional lei estadual que, a título de incentivo fiscal, retém parcela do ICMS pertencente aos Municípios".[148] Porém, divergências sobre o alcance deste enunciado obstaram a sua publicação, dando origem ao curioso fenômeno da súmula fantasma, nas palavras de José Maurício Conti.[149]

O conflito estava focado na inconstitucionalidade de lei estadual, que criava um programa de incentivos fiscais de ICMS, por meio do qual o tributo era arrecadado e devolvido à empresa por meio de uma agência de fomento (FADESC). Note-se que o dinheiro entrava financeiramente nos cofres do Estado, mas era "restituído" ao contribuinte, que somente viria a "pagar" esta dívida cinco anos depois. Como lucidamente explanou à época do julgamento o eminente Ministro Cezar Peluzo:

> Noutras palavras, o ICMS entra na contabilidade do Estado. O Estado tira o dinheiro, repassa-o para o FADESC e este o repassa à empresa. Então, o que o Estado está fazendo – a levar a sério o que está aqui no acórdão do Tribunal de Santa Catarina – é uma fraude à Constituição, porque o Estado deduz o valor correspondente aos repasses. Pretexta que não entraram tantos milhões, mas entraram tantos milhões menos o que repassou! Ou seja, altera a base de cálculo do que pertence aos Municípios.[150]

É importante compreender o contexto envolvido nesse julgamento, pois houve uma tentativa de deslocar a discussão para a apreciação da possibilidade ou não de haver concessão de incentivos em tributos com a receita partilhada, muito em razão da compreensão equivocada da própria alegoria da "cortesia com chapéu alheio".

O conflito envolvia recursos provenientes da arrecadação do ICMS, imposto sujeito a uma modalidade de participação do produto

---

[148] A esse respeito, v.: CARVALHO, Osvaldo Santos de; MARTINELLI, Luis Fernando dos Santos. A Lei Complementar nº 160 e seus reflexos nas administrações tributárias estaduais: será mesmo o fim da Guerra Fiscal? *In*: CONGRESSO NACIONAL DE ESTUDOS TRIBUTÁRIOS: RACIONALIZAÇÃO DO SISTEMA TRIBUTÁRIO, 14. *Anais*. São Paulo: Noeses, 2017, p. 945-963. Disponível em: https://www.ibet.com.br/wp-content/uploads/2018/06/LC-160-Prof.-Osvaldo.pdf. Acesso em: 5 ago. 2020.

[149] CONTI, José Maurício. Benefícios fiscais, partilha de receitas e a "súmula-fantasma" do STF. *Consultor Jurídico*, 13 dez. 2016. Disponível em https://www.conjur.com.br/2016-dez-13/beneficios-fiscais-partilha-receitas-sumula-fantasma-stf. Acesso em: 09 ago. 2020.

[150] BRASIL. Supremo Tribunal Federal. *Recurso Extraordinário nº 572.762*. Rel. Min. Ricardo Lewandowski, Pleno, j. 18 jun. 2008, DJe-167 05 set. 2008.

da arrecadação entre Estados e Municípios. O foco não era a legalidade do incentivo em si, mas a forma como a participação dos Municípios era calculada, uma vez que o Estado de Santa Catarina excluía os repasses à FADESC do montante arrecadado para fins de ICMS. No cerne da discussão estava não a legalidade do próprio programa, mas a forma como ele "fraudava" a regra de partilha do produto da arrecadação do ICMS. Do ponto de vista orçamentário, o Estado de Santa Catarina arrecadava 100% do ICMS devido no momento previsto pela legislação. A integralidade desses recursos era registrada como receita do Estado, que repassava uma parcela destes a uma agência de fomento (FADESC), a qual, por sua vez, devolvia esses recursos ao contribuinte.

Esta situação é, pela perspectiva orçamentária, muito conveniente, pois, em tese, não haveria renúncia de receita a ser computada nas Leis Orçamentárias (art. 165, §6º, CRFB), ou ter seus impactos e medidas de compensação registrados nas Leis de Diretrizes Orçamentárias (art. 4º, §2º, V, e art. 14 da Lei de Responsabilidade Fiscal).

Na prática, esse modelo de incentivo representava uma modalidade pouco ortodoxa de aplicação direta de recursos arrecadados (uma espécie de subvenção), na forma de devolução de parte do ICMS pago pelo próprio contribuinte.

A inconstitucionalidade residia, porém, na circunstância de que a parcela transferida à FADESC era excluída do cálculo do montante a ser destinado aos Municípios catarinenses. A dúvida constitucional não consistia na possibilidade de o Estado de Santa Catarina criar o programa de incentivo, mas na regra que excluía as receitas arrecadadas e destinadas à FADESC do cálculo da arrecadação partilhada com os Municípios.

Tanto é verdade que a ementa do caso reconhece a titularidade plena dos Municípios sobre parte do produto da arrecadação (ponto "I") e, só então, declara inconstitucional a regra que condiciona o repasse da cota constitucionalmente devida aos Municípios (ponto "II").

Reiterando, a inconstitucionalidade está no condicionamento indevido do repasse constitucional – ao qual os Municípios têm direito – de recursos arrecadados pelo Estado-membro. Em nenhum momento o julgado referiu ser inconstitucional a criação de programas de incentivo com tributos cujo produto da arrecadação é constitucionalmente partilhado. Apenas atestou que, uma vez arrecadados, nasce a titularidade

CAPÍTULO 2
"CORTESIA COM CHAPÉU ALHEIO": INCENTIVOS FISCAIS E REPARTIÇÃO DE RECEITAS | 59

dos outros entes federados sobre aquela parcela que a Constituição outorgou.[151]

A tese 42 apenas estabelece, com efeitos vinculantes para o Poder Judiciário, que é inconstitucional qualquer tentativa dos titulares da capacidade tributária ativa relativa a tributos cujo produto da arrecadação é partilhado com outros entes de fraudar as regras colocadas pela Constituição para a divisão desses recursos.

2.4 Recurso Extraordinário nº 705.423/SE: Tese 653

No Recurso Extraordinário nº 705.423/SE, protocolado em 13 de agosto de 2012, o Município de Itabi questionou a redução no repasse ao Fundo de Participação dos Municípios (FPM), que é decorrente de programas de incentivo fiscal criados pela União Federal, a partir do Imposto de Renda (IR) e do Imposto sobre Produtos Industrializados (IPI). O recurso teve sua repercussão geral reconhecida em 10 de maio de 2013, mas o julgamento final só se consolidou em 05 de fevereiro de 2018.

Alegava a municipalidade ofensa ao art. 159, I, "b" e "d", da Constituição Federal, que estabelece uma modalidade de partilha indireta das receitas dos tributos envolvidos.

O relator desse recurso, Ministro Edson Fachin, reconheceu que o centro da discussão estava na conciliação entre autonomia política da União para manejar elementos de sua competência tributária e o possível impacto na autonomia financeira dos Municípios. Em forma de pergunta, assim ele sintetiza o processado:

> é constitucional a redução do produto da arrecadação que lastreia o FPM e respectivas quotas devidas às Municipalidades, em razão da concessão

---

[151] "EMENTA: CONSTITUCIONAL. ICMS. REPARTIÇÃO DE RENDAS TRIBUTÁRIAS. PRODEC. PROGRAMA DE INCENTIVO FISCAL DE SANTA CATARINA. RETENÇÃO, PELO ESTADO, DE PARTE DA PARCELA PERTENCENTE AOS MUNICÍPIOS. INCONSTITUCIONALIDADE. RE DESPROVIDO. I – A parcela do imposto estadual sobre operações relativas à circulação de mercadorias e sobre prestações de serviços de transporte interestadual e intermunicipal e de comunicação, a que se refere o art. 158, IV, da Carta Magna pertence de pleno direito aos Municípios. II – O repasse da quota constitucionalmente devida aos Municípios não pode sujeitar-se à condição prevista em programa de benefício fiscal de âmbito estadual. III – Limitação que configura indevida interferência do Estado no sistema constitucional de repartição de receitas tributárias. IV – Recurso extraordinário desprovido. (BRASIL. Supremo Tribunal Federal. *Recurso Extraordinário nº 572.762*. Rel. Min. Ricardo Lewandowski, Pleno, j. 18 jun. 2008, DJe-167 05 set. 2008).

regular de incentivos, benefícios e isenções fiscais relativos aos Impostos de Renda e Sobre Produtos Industrializados por parte da União?[152]

Diferentemente do RE nº 572.762/SC – que tinha como centro a discussão sobre a constitucionalidade de uma norma financeira que restringia o alcance da disposição da Constituição sobre o volume de receita a ser repassado pelo Estado aos Municípios –, este julgado colocava em questão a liberdade do ente tributante, titular da competência para instituir e arrecadar determinado tributo cujo produto de arrecadação é partilhado, de conceder incentivos fiscais.

O julgamento do RE nº 705.423/SE consagrou a Tese de Repercussão Geral nº 653:

> É constitucional a concessão regular de incentivos, benefícios e isenções fiscais relativos ao Imposto de Renda e Imposto sobre Produtos Industrializados por parte da União em relação ao Fundo de Participação de Municípios e respectivas quotas devidas às Municipalidades.[153]

Este julgado tem como essência o debate sobre a autonomia política dos entes para conceder incentivos fiscais sobre os tributos integrantes de sua competência. Um dos fundamentos analisados pela decisão está no enunciado do parágrafo único do art. 6º do Código Tributário Nacional: "Os tributos cuja receita seja distribuída, no todo ou em parte, a outras pessoas jurídicas de direito público pertencerá à competência legislativa daquela a que tenham sido atribuídos".

A competência tributária – como possibilidade de instituir tributos – é anterior à partilha do produto da arrecadação destes.[154] Ora, se há competência para instituir tributos, seu titular pode decidir sobre conceder ou não incentivos, independentemente do fato de o produto da arrecadação, em um momento posterior, ser partilhado com outro

---

[152] BRASIL. Supremo Tribunal Federal. *Recurso Extraordinário nº 705.423*. Rel. Min. Edson Fachin, Pleno, j. 23 nov. 2016 05 fev. 2018.

[153] BRASIL. Supremo Tribunal Federal. *Recurso Extraordinário nº 705.423*. Rel. Min. Edson Fachin, Pleno, j. 23 nov. 2016 05 fev. 2018.

[154] Nas palavras de Roque Carrazza: "Em rigor, o que a Constituição faz é estipular que, *na hipótese de ser criado o tributo*, pela pessoa política competente, o produto de sua arrecadação será total ou parcialmente destinado a outra pessoa política. Evidentemente, se não houver o nascimento da relação jurídica tributária (*prius*), não poderá surgir a relação jurídica financeira (*posterius*). Esta é logicamente posterior à relação jurídica tributária (cujo nascimento depende do exercício da competência tributária)" (CARRAZZA, Roque Antonio. *Curso de direito constitucional tributário*. 22. ed. São Paulo: Malheiros, 2006, p. 647).

ente federativo. A decisão de não instituir tributos é parte do universo de possibilidades outorgado com a competência – com as ressalvas que serão objeto de comentário abaixo, extremamente relevantes para o deslinde da situação aqui apresentada.

Do ponto de vista financeiro, a partilha do produto da arrecadação de determinados impostos constitui-se em forma de redistribuição intrafederativa dos recursos disponíveis.[155] A técnica financeira para isso leva em consideração o produto da arrecadação, ou seja, o montante efetivamente arrecadado.

Nesse contexto, o não exercício da competência tributária – para exonerar determinados fatos com vistas a incentivar setores ou atividades econômicas – não ofende a regra constitucional que estabelece a partilha do produto da arrecadação.

Com base neste raciocínio, o julgado entendeu que não havia direito à reparação dos prejuízos suportados por Estados e Municípios decorrentes de programas de incentivo legitimamente instituídos pela União a partir do IR e do IPI, impostos cujo produto da arrecadação é constitucionalmente partilhado.[156]

---

[155] Como assevera José Marcos Domingues: "Ora, numa Federação, naturalmente composta de Estados heterogêneos, não será bastante a mera atribuição de competência tributária aos entes federados, mas por princípio de solidariedade, especialmente num país de fortes contrastes, como o Brasil, impõe-se a redistribuição da riqueza nacional, não apenas no plano individual pela tributação progressiva, mercê da aplicação do princípio da capacidade contributiva, mas também no plano sócio-político, através das transferências financeiras, ou repartição das receitas tributárias, de que tratam os artigos 157 a 162 da Constituição". (DOMINGUES, José Marcos. "Texto da comunicação do Autor no II Congresso Internacional de Direito Tributário da Cidade do Rio de Janeiro", 9 a 11 de maio de 2007. *Revista Nomos*, edição comemorativa dos 30 anos do Mestrado em Direito da UFC, v. 26, p. 137-143, jan./jun. 2007, p. 140).

[156] "RECURSO EXTRAORDINÁRIO. REPERCUSSÃO GERAL. CONSTITUCIONAL, TRIBUTÁRIO E FINANCEIRO. FEDERALISMO FISCAL. FUNDO DE PARTICIPAÇÃO DOS MUNICÍPIOS – FPM. TRANSFERÊNCIAS INTERGOVERNAMENTAIS. REPARTIÇÃO DE RECEITAS TRIBUTÁRIAS. COMPETÊNCIA PELA FONTE OU PRODUTO. COMPETÊNCIA TRIBUTÁRIA. AUTONOMIA FINANCEIRA. PRODUTO DA ARRECADAÇÃO. CÁLCULO. DEDUÇÃO OU EXCLUSÃO DAS RENÚNCIAS, INCENTIVOS E ISENÇÕES FISCAIS. IMPOSTO DE RENDA – IR. IMPOSTO SOBRE PRODUTOS INDUSTRIALIZADOS – IPI. ART. 150, I, DA CONSTITUIÇÃO DA REPÚBLICA. 1. Não se haure da autonomia financeira dos Municípios direito subjetivo de índole constitucional com aptidão para infirmar o livre exercício da competência tributária da União, inclusive em relação aos incentivos e renúncias fiscais, desde que observados os parâmetros de controle constitucionais, legislativos e jurisprudenciais atinentes à desoneração. 2. A expressão "produto da arrecadação" prevista no art. 158, I, da Constituição da República, não permite interpretação constitucional de modo a incluir na base de cálculo do FPM os benefícios e incentivos fiscais devidamente realizados pela União em relação a tributos federais, à luz do conceito técnico de arrecadação e dos estágios da receita pública. 3. A demanda distingue-se do Tema 42 da sistemática da repercussão geral, cujo recurso-paradigma é RE-RG 572.762, de relatoria do Ministro

Não obstante, impende ressaltar um ponto fundamental desse julgado, que traz um importante limite a esta liberdade dos entes titulares da competência tributária, para conceder incentivos fiscais:

> 1. Não se haure da autonomia financeira dos Municípios direito subjetivo de índole constitucional com aptidão para infirmar o livre exercício da competência tributária da União, inclusive em relação aos incentivos e renúncias fiscais, desde que observados os parâmetros de controle constitucionais, legislativos e jurisprudenciais atinentes à desoneração.[157]

Nos termos acima enunciados, somente é livre o exercício da competência da União para conceder incentivos fiscais sobre impostos cuja receita é partilhada se, para tanto, forem observados os parâmetros constitucionais que digam respeito à exoneração.

Diante do exercício *regular* da competência tributária para criar programas de incentivo, não haverá direito dos Estados e dos Municípios – que suportaram parte do impacto nos repasses de FPE e FPM – de pugnar uma reparação judicial.

A contrario sensu, essa tese reafirma a jurisprudência do próprio STF, segundo a qual incentivos inconstitucionais geram, sim, o dever de reparar os danos suportados pelos agentes titulares de parcelas do produto da arrecadação.

Esta conclusão pode ser depreendida de uma afirmação do próprio Ministro Fachin, durante os debates sobre o núcleo da tese vencedora, oportunidade em que averbou: "a União não arrecada, logo não há irregularidade em relação a essas concessões e, portanto, não integram a base de cálculo desse fundo". Para o eminente Ministro, por não haver irregularidade na concessão dos incentivos analisados, há legitimidade

---

Ricardo Lewandowski, Tribunal Pleno, julgado em 18.06.2008, DJe 05.09.2008. Isto porque no julgamento pretérito centrou-se na natureza compulsória ou voluntária das transferências intergovernamentais, ao passo que o cerne do debate neste Tema reside na diferenciação entre participação direta e indireta na arrecadação tributária do Estado Fiscal por parte de ente federativo. Precedentes. Doutrina. 4. Fixação de tese jurídica ao Tema 653 da sistemática da repercussão geral: 'É constitucional a concessão regular de incentivos, benefícios e isenções fiscais relativos ao Imposto de Renda e Imposto sobre Produtos Industrializados por parte da União em relação ao Fundo de Participação de Municípios e respectivas quotas devidas às Municipalidades.' 5. Recurso extraordinário a que se nega provimento." (BRASIL. Supremo Tribunal Federal. *Recurso Extraordinário nº 705.423*. Rel. Min. Edson Fachin, Pleno, j. 23 nov. 2016 05 fev. 2018).

[157] BRASIL. Supremo Tribunal Federal. *Recurso Extraordinário nº 705.423*. Rel. Min. Edson Fachin, Pleno, j. 23 nov. 2016 05 fev. 2018.

na não arrecadação dos recursos e, por isso, a base de cálculo do FPM não precisa ser recomposta.[158]

Diferente seria se houvesse irregularidade. Pela lógica do decidido, na hipótese de um incentivo irregular – como o são todos aqueles concedidos no contexto da Guerra Fiscal, sem convênio autorizativo –, os valores não arrecadados *devem* entrar na base de cálculo do FPM.

Novamente, trata-se da reafirmação do direito dos entes federados de ver reparados os danos decorrentes da atuação inconstitucional de outros membros da federação.

Não é demais reiterar que os recursos recebidos, a título de repasse, pelos Estados e Municípios são de grande importância para estes entes, para mais daquilo que arrecadam (ou deveriam arrecadar) com os tributos de sua competência, de forma que poderíamos chamar de "direta". Deve-se considerar que elas (as transferências) servem também como meio de compensar, ainda que parcialmente, as desigualdades de recursos entre membros da federação brasileira.[159]

2.5 Ação Civil Originária nº 758/SE

A Ação Cível Originária (ACO) nº 758, movida pelo Estado de Sergipe contra a União Federal, foi distribuída em 07 de dezembro de 2004, muito antes, portanto, da consagração da expressão "cortesia com chapéu alheio". Porém, seu julgamento, realizado em 19 de dezembro de 2016, ocorreu depois do julgamento do RE nº 572.762/SC (18 de junho de 2008) e depois do início do julgamento do RE nº 705.423/SE (23 de novembro de 2016).

Por meio dela, o Estado de Sergipe requereu a recomposição dos repasses federais ao Fundo de Participação dos Estados (FPE) decorrentes dos Programa de Integração Nacional (PIN, Decreto-Lei nº 1.106, de 16 de junho de 1970) e do Programa de Redistribuição de Terras e

---

[158] BRASIL. Supremo Tribunal Federal. *Recurso Extraordinário nº 705.423*. Rel. Min. Edson Fachin, Pleno, j. 23 nov. 2016 05 fev. 2018.

[159] Sobre o tema, cabe registrar que "[...] *le partage indirect des recettes fiscales au profit des entités fédérales est non négligeable. Il est d'autant plus important qu'il permet de compenser en partie les inégalités de ressources entre les États et les communes, sachant par exemple, que beaucoup de communes n'ont qu'une capacité fiscale faible*" (HORVATH, Estevão. Le partage du pouvoir fiscal au Brésil. *Revue Française de Finances Publiques*. Paris : Librairie Générale de Droit et de Jurisprudence, n. 100 : Nouvelle gouvernance financière publique : grands enjeux de demain, 2007, p. 339).

de Estímulo à Agroindústria do Norte e do Nordeste (PROTERRA, Decreto-Lei nº 1.179, de 6 de julho de 1971).

É interessante perceber que, neste caso, atuou como *amicus curiae* a Associação Brasileira das Secretarias de Finanças das Capitais (ABRASF), uma vez que não só os Estados, mas também os Municípios sofreram os impactos negativos dos aludidos incentivos fiscais, na medida em que parte do produto da arrecadação do Imposto sobre a Renda é constitucionalmente destinada ao Fundo de Participação dos Municípios (FPM, art. 159, I, "b" e "e", da CRFB).

Na origem desse conflito estava a redução no volume de recursos repassados ao FPE, decorrente de um programa de incentivo fiscal federal, que excluía parte dos valores que deveriam ser pagos pelo contribuinte a título de Imposto de Renda das Pessoas Jurídicas (IRPJ) e a destinava para o financiamento direto dos programas, o que, por via de consequência, atingia a parcela pertencente aos Estados.

A mecânica estabelecida pela lei instituidora dos programas "desviava" parte dos recursos que seriam recolhidos a título de IRPJ, que passaram a ser coletados sob as rubricas de PIM e PROTERRA. Como registrou o Ministro Marco Aurélio, relator do caso:

> [...] Altera-se, em última análise, a rubrica, em termos de receita, do que devido pelas pessoas jurídicas a título de imposto sobre a renda, vindo-se a fatiar o bolo, com subtração de parcela, a ser alvo do compartilhamento. A entender-se de forma diversa, ficará aberta a porta a que, ao sabor de certa política governamental, venha a União a esvaziar o preceito do artigo 159, inciso I, alínea "a", da Constituição Federal bem como outros que versem a partilha do que arrecadado a título de tributo.[160]

A legislação que instituiu os aludidos programas criou uma opção para o contribuinte, que poderia destinar ao seu financiamento parte daquilo que pagaria a título do IRPJ. Como consequência, essa parte da receita do IRPJ destinada pelos contribuintes deixou de ser computada para fins dos repasses aos fundos constitucionais que viabilizam a sua repartição indireta. Novamente, cogitou-se dos limites constitucionais da autonomia política da União em face dos impactos

---

[160] BRASIL. Supremo Tribunal Federal. *ACO 758*, Rel. Min. Marco Aurelio, Tribunal Pleno, julgado em 19.12.2016, DJe-168, pub. 01 ago. 2017.

na autonomia financeira dos entes destinatários indiretos de parte da arrecadação do IRPJ.[161]

A ação foi julgada procedente em 19 de dezembro de 2016, reconheceu-se a inconstitucionalidade da exclusão da parcela do IRPJ destinada aos mencionados programas do cálculo do FPE e condenou-se a União a ressarcir o prejuízo decorrente.[162]

O dever de reparar, reconhecido nas decisões do RE nº 572.762 (Tese 42) e da ACO 758, tem origem na ilegalidade da exclusão de receitas efetivamente arrecadadas do campo de incidência da regra constitucional de partilha de receitas. No primeiro caso, parte da arrecadação do ICMS, destinada ao programa estadual, era excluída da regra de partilha direta, o que afetava o volume de recursos recebidos pelos Municípios. No segundo, parcela dos recursos advindos da arrecadação do IRPJ era excluída do cálculo do FPE, o que, pela via indireta, afetava o volume de recursos partilhados com os Estados.

A decisão da ACO nº 758 é absolutamente compatível com a decisão do RE nº 705.423/SE (Tese 653), na medida em que não se questiona a capacidade da União para conceder incentivos fiscais por meio do Imposto sobre a Renda. O modelo escolhido pelos programas PIM e PROTERRA não representava o exercício da competência de exonerar parte do tributo decorrente da manifestação de riqueza "renda" do contribuinte. Ele estava baseado na destinação direta, por opção realizada pelo próprio contribuinte, de parte dos recursos provenientes da incidência da regra de tributação. Ou seja, o contribuinte não pagava

---

[161] Nesse sentido: "Em suma, não é pelo fato de a matéria respeitante à repartição de receitas tributárias ser estranha ao Direito Tributário que ela deixa de ter importância. É ela relevantíssima para o Direito Constitucional, para o Direito Financeiro e mesmo em termos sociais e políticos. Afinal, é com os recursos arrecadados ou recebidos mediante repasse de outras pessoas políticas que os entes componentes da federação podem cumprir as múltiplas tarefas e obrigações que a Constituição da República e outras leis lhes impõem. Para que sejam autônomos administrativa e politicamente, devem também sê-lo financeiramente. Daí a necessidade de obterem seus recursos, de forma direta ou indiretamente." (HORVATH, Estevão. A questão do "incentivo com o chapéu alheio" entre União e Estados – RE 705.423/SE, Tema 653/RG-STF. In: SCAFF, Fernando Facury et al. (Org.). Federalismo (s)em juízo. São Paulo: Noeses, 2019, p. 575-588. p. 578).

[162] "FUNDO – ESTADOS – PARTICIPAÇÃO – ARTIGO 159, INCISO I, ALÍNEA "A", DA CONSTITUIÇÃO FEDERAL – ALCANCE – PROGRAMAS PIN E PROTERRA – SUBTRAÇÃO – IMPROPRIEDADE. A participação dos Estados, no que arrecadado pela União, faz-se segundo o figurino constitucional, sendo impróprio subtrair valores destinados aos Programas PIN e PROTERRA. PRESCRIÇÃO – OBRIGAÇÃO DE DAR – QUINQUÊNIO. Uma vez reconhecido certo direito, cumpre observar o prazo prescricional." (BRASIL. Supremo Tribunal Federal. Ação Cível Originária nº 758, Rel. Min. Marco Aurelio, Pleno, j. 19 dez. 2016, DJe-168 01 ago. 2017).

menos tributo, apenas destinava diretamente parte daquilo que já deveria pagar a título de IR.

No RE nº 705.423 (Tese 653) a União deixava de arrecadar IPI e IR; assim, não havia dever de repassar as participações, que, na ausência de arrecadação, nunca se configuraram. Porém, na ACO nº 758/SE foi reconhecido que havia incidência da regra de tributação do IR, que um volume de recursos era arrecadado aos cofres da União em razão dessa incidência, mas que parte desses recursos não era registrada como IR. A inconstitucionalidade não está no programa de incentivo, mas na exclusão dessa parcela do cálculo das regras de repartição de receitas.

A decisão na ACO nº 758/SE tem efeitos entre as partes, mas também constitui um precedente importante para a compreensão do entendimento do Supremo Tribunal Federal sobre a necessidade de reparação dos danos derivados de regras que afetam a operacionalidade das normas constitucionais sobre partilha de receitas.

2.6 Uma compreensão do posicionamento atual do STF e seus limites

A existência de tributos com receita partilhada é uma construção histórica no federalismo brasileiro e é fundamental para garantir a autonomia financeira dos entes federados. Ao julgar os limites para instituição de programas de incentivos fiscais conduzidos por meio de tributos com receita partilhada, o Supremo Tribunal Federal estabelece importantes balizas para o funcionamento do sistema federativo.

Os incentivos fiscais tributários são uma manifestação da atividade administrativa de fomento. Eles são uma modalidade de intervenção estatal no domínio econômico que busca a realização de finalidades que transcendem os limites da fiscalidade. Assim, representam uma manifestação da autonomia política dos entes federados na realização de finalidades via política fiscal.

A busca pela implementação de fins extrafiscais, porém, tem custos públicos, que são passíveis de controle orçamentário por meio do sistema de renúncia de receitas. Reconhecer a existência desses custos e seu impacto na participação de outros entes federados destinatários de parcela da arrecadação de tributos partilhados é uma decorrência de nosso sistema normativo e tem relação direta com a necessária proteção da autonomia financeira dos entes federados.

Os julgamentos vinculantes do STF no RE nº 572.762/SC (Tese 42) e no RE nº 705.423/SE (Tese 653) estabeleceram parâmetros importantes para a compreensão da amplitude da autonomia política e as restrições necessárias à garantia da autonomia financeira. Nesse contexto, é possível compreendê-las como complementares:

- O RE nº 572.762/SC (tese 42) tem como objetivo proteger a autonomia financeira dos entes federativos, garantindo a eficácia plena das normas que estabelecem a partilha dos recursos efetivamente arrecadados contra tentativas inconstitucionais de alteração dos critérios de cálculo dos montantes a serem repassados;

- O RE nº 705.432/SE (tese 653) visa garantir a autonomia política dos entes, assegurando possibilidade de concessão de incentivos fiscais mesmo em tributos cujo produto da arrecadação, posteriormente, será compartilhado com outros entes federativos.[163]

O decidido na ACO nº 758/SE demonstra que essas premissas vêm sendo seguidas pelo STF, na medida em que se reconheceu no julgado que, embora a União Federal tenha autonomia política para conceder incentivos, não pode fazê-lo de forma a prejudicar a operacionalidade da regra de partilha constitucional das receitas.

Cabe observar, no entanto, que os julgados sobre "cortesia com chapéu alheio" supracitados abordaram apenas o direito de reparação dos danos decorrentes da redução do volume de recursos partilhados. Nos três casos, o foco não era a constitucionalidade dos incentivos, mas o dever de reparar os seus impactos na partilha de receitas. No RE nº 705.423/SE não foi reconhecido o dever de recompor os repasses, pois, em decorrência da norma tributária exonerativa (cuja constitucionalidade não foi questionada diretamente), os recursos sequer foram arrecadados. Já no caso do RE nº 572.762/SC e na ACO nº 758/SE, foi

---

[163] No mesmo sentido: "A primeira [tese 42] visou manter incólume a autonomia financeira, enquanto a segunda a autonomia política [tese 653] do membro no exercício de seu poder constitucional de tributar. Não é possível imaginar, porém, a existência do federalismo sem que seja preservada a autonomia dos seus componentes em cada uma de suas facetas." (ROSENBLATT, Paulo; DE SOUZA LEÃO, Caio. A crise do federalismo brasileiro e as consequências para os Municípios dos incentivos fiscais em tributos partilhados: a (im)possibilidade de uma solução judicial. *Revista de Direito da Cidade*, v. 10, n. 4, p. 2.487-2.510, dez. 2018, p. 2503-2504).

reconhecido o dever de indenizar, pois os recursos foram efetivamente arrecadados, porém acabaram desviados na origem e não integram o cálculo das participações.

Os casos analisados tinham como foco direto o questionamento da constitucionalidade do cálculo do valor que deveria ser repassado pelo ente arrecadador, direta ou indiretamente, aos titulares de parcela da arrecadação. As inconstitucionalidades reconhecidas tinham como foco as normas financeiras que afastavam parcela dos recursos efetivamente arrecadados da partilha. Na situação em que houve o reconhecimento da constitucionalidade do agir do ente titular da competência (e a inexistência do dever de reparar os danos), este reconhecimento estava baseado na constitucionalidade da norma tributária exonerativa.[164]

Dito de outra forma, a jurisprudência do STF reconhece que, apenas quando houver o exercício regular da competência de afastar a incidência da norma tributária em tributos com receitas partilhadas, o impacto decorrente deve ser suportado pelos entes titulares de parte da arrecadação.

As situações julgadas são, portanto, diferentes dos casos em que o dever de recompor a participação de outros entes federados decorre da inconstitucionalidade das normas tributárias. A ausência de amparo constitucional à concessão de incentivos pode (e deve) ser "contestada pelos beneficiários, que têm o direito ao ressarcimento dos prejuízos causados pela redução indevida dos recursos a eles destinados".[165] [166]

---

[164] Nesse sentido: "[...] À guisa de conclusão cremos poder afirmar que decidiu bem a nossa Corte Suprema, no Recurso Extraordinário em epígrafe [RE nº 705.423/SE], ao interpretar sistematicamente a Constituição, cotejando o direito dos Municípios a receber parcela da arrecadação do Imposto sobre a Renda e do Imposto sobre Produtos Industrializados e o direito da União de exercer a sua competência parcialmente com relação, *in casu*, a esses tributos, concedendo benefícios ou incentivos fiscais quando assim entender necessário, desde que dentro dos parâmetros constitucionais, obviamente. Deveras, se a competência para tributar é de um determinado ente da federação, a ele compete também, dentro das balizas constitucionais, promover desonerações, sem que outro ente se interponha quanto a isso." (HORVATH, Estevão. A questão do "incentivo com o chapéu alheio" entre União e Estados: RE 705.423/SE, Tema 653/RG-STF. *In*: SCAFF, Fernando Facury *et al.* (org.). *Federalismo (s)em juízo*. São Paulo: Noeses, 2019, p. 575-588, p. 592-593).

[165] BERCOVICI, Gilberto. *Desigualdades regionais, Estado e Constituição*. São Paulo: Max Limonad, 2003, p. 162

[166] No mesmo sentido, Roque Carrazza assevera que "como a arrecadação do tributo é estritamente vinculada, a renúncia do fisco (sem amparo de uma lei) absolutamente não pode prejudicar a plena fruição do direito constitucional à participação nas receitas tributárias." (CARRAZZA, Roque Antonio. *Curso de direito constitucional tributário*. 22. ed. São Paulo: Malheiros, 2006, p. 647, em nota de rodapé).

No federalismo de cooperação não há espaço nem para atuações inconstitucionais que conduzam à redução da autonomia financeira dos entes federados – por meio da redução indevida das participações, constitucionalmente fixadas, no produto da arrecadação de tributos da competência de outros entes – nem para o exercício ilícito da autonomia política, consubstanciada na criação de programas de incentivos fiscais em desacordo com as balizas fixadas pelo próprio ordenamento.

Nesses casos, cabe ao Poder Judiciário, no exercício da tutela do federalismo, em conformidade com a Constituição, corrigir os desvios e restabelecer o *status quo*. Esta tutela, não raro, implica o reconhecimento da responsabilidade civil dos entes federativos pelos danos derivados de sua atuação inconstitucional.

Diante de incentivos que são em sua origem inconstitucionais, que representam claro abuso de autonomia política de entes federados, cabe aos prejudicados buscarem indenização destinada a recompor o volume de recursos que afiança sua autonomia financeira.

2.7 Conclusão parcial

A Constituição Brasileira estabelece os parâmetros para o exercício da autonomia política no campo da tributação e a forma como o produto da arrecadação de alguns tributos será partilhado entre os entes federativos. Assim, é natural que o STF seja chamado para reconhecer os limites interpretativos das regras envolvidas, bem como a inflexão de outros princípios constitucionais na sua concretização.

O ordenamento jurídico brasileiro reconhece, por meio da disciplina jurídico-orçamentária do fenômeno das renúncias de receitas, que a instituição de medidas de política fiscal realizadas por meio da tributação tem custos públicos e que estes devem ser refletidos no orçamento. A dimensão orçamentária das renúncias de receita viabiliza o controle de sua coerência com outros programas no nível do Plano Plurianual, da sua coordenação com os objetivos e metas estabelecidos na Lei de Diretrizes Orçamentárias, e do dimensionamento dos custos envolvidos na Lei Orçamentária Anual.

Pensar nos custos indiretos associados aos programas de incentivo fiscal tem relação com a "cortesia com chapéu alheio" na medida em que parte desse custo é transferida para o ente titular de parcela do produto de uma arrecadação que jamais será concretizada. Nesse contexto, o impacto na redução das receitas suportado pelos entes destinatários pode refletir um dano causado pelo ente titular da competência tributária.

A "cortesia com chapéu alheio" representa, pois, um abuso no exercício da autonomia política de um ente, que compromete de maneira indevida e inconstitucional a autonomia financeira de outros entes federados. Ele ocorre no contexto de tributos cuja receita é partilhada, mas pode se manifestar tanto na renúncia indevida do direito de arrecadar parcela das receitas provenientes de determinado tributo quanto na fraude aos critérios estabelecidos pela Constituição da República na partilha de recursos efetivamente arrecadados. Refletir sobre os critérios utilizados pelo STF é importante para entender quando a redução na parcela do ente destinatário pode ser qualificada como ilícita e, portanto, representa um dano reparável.

Alguns limites sobre a possibilidade de instituição de incentivos tributários em tributos com receita compartilhada podem ser extraídos do julgamento do RE nº 572.762/SC (Tese 42), no qual foi analisado um incentivo concedido pelo Estado de Santa Catarina, com repercussão negativa para o repasse do ICMS para os municípios catarinenses. Neste caso, é interessante notar que não estava em causa a legalidade da norma tributária que concedeu o incentivo, mas de uma norma financeira que afastou parte da arrecadação da regra constitucional de partilha.

Talvez a grande contribuição do RE nº 572.762/SC (Tese 42) tenha sido reafirmar que, uma vez arrecadada, a receita já sofre a incidência da regra de partilha e deve ser imediatamente repassada aos entes titulares. Qualquer tentativa de "desviar" o caminho da receita arrecada será considerada inconstitucional, ao que a redução no montante repassado configura um dano reparável.

Esta orientação foi seguida no julgamento da ACO nº 758/SE, momento em que se discutia um incentivo federal e, assim como no RE nº 572.762/SC (Tese 42), excluíam-se parcelas de receitas efetivamente arrecadadas do cálculo do FPE e do FPM. A postura da União foi julgada inconstitucional e foi determinada a recomposição das parcelas indevidamente excluídas.

Já na decisão do RE nº 705.423/SE (Tese 653), no qual se debateu um incentivo federal concedido por meio da redução das alíquotas do IPI e do IR, que gerou impactos nos repasses ao FPE e ao FPM, a principal contribuição do STF está em reconhecer que, quando concedidos com base em parâmetros constitucionais, cabe aos entes destinatários de parcela da arrecadação suportarem o impacto. Nesse caso, não resta configurado ato ilícito reparável.

Esses julgados estabelecem parâmetros importantes para a compreensão dos limites aplicáveis para o exercício da competência tributária negativa em relação aos tributos com receitas partilhadas. Porém, é importante constatar que, em nenhum deles, o dever de reparar estava baseado no exercício ilícito da competência tributária, entendida especificamente como manifestação da autonomia para instituir ou exonerar a cobrança de tributos.

No RE nº 572.762/SC (Tese 42), ainda que estivesse na lei que instituiu um programa de incentivo tributário, a norma declarada inconstitucional dispunha sobre a destinação de parte da arrecadação, que tinha por consequência a sua indevida exclusão da parcela a ser partilhada com os Municípios. Na mesma senda, a norma inconstitucional na ACO nº 758/SE tinha natureza financeira e promovia a exclusão de receitas arrecadadas do FPE e do FPM.

Também no julgamento do RE nº 705.423/SE (Tese 653) não se questionou diretamente a constitucionalidade da norma que concedeu os incentivos. O foco estava em saber se a concessão pura e simples do incentivo – ainda que constitucional – gerava o dever de reparar. A Corte entendeu que a concessão lícita de incentivos não gerou uma quebra de expectativas extraordinária, suficiente para converter em dano ilícito as perdas de arrecadação sofridas.

Refletir sobre esses precedentes é fundamental para entender como as consequências financeiras decorrentes da Guerra Fiscal de ICMS devem ser tratadas no âmbito das relações federativas no Brasil.

CAPÍTULO 3

SEGURANÇA JURÍDICA, GUERRA FISCAL E A LC 160/2017

A Guerra Fiscal é uma manifestação de um desequilíbrio no federalismo brasileiro. Ela deriva do exercício (quando exorbitante) da autonomia política dos Estados-membros e do Distrito Federal e tem como consequência um impacto negativo no volume de recursos disponíveis a serem partilhados com os Municípios e, com isso, uma redução da autonomia financeira destes últimos.

Os julgamentos realizados pelo STF no contexto da "cortesia com chapéu alheio" abordaram a questão dos incentivos fiscais concedidos por meio de tributos cuja receita é partilhada, mas não adentraram em um aspecto específico do fenômeno: o dever de reparar derivado de incentivos concedidos ilegal ou inconstitucionalmente.

No RE nº 572.762/SC (Tese 42) e na ACO nº 758/SE, o foco foi julgar a compatibilidade de regras infraconstitucionais que excluíam parte de receitas efetivamente arrecadadas em decorrência da incidência de regras de tributação do cálculo da participação constitucionalmente estabelecida. Já no RE nº 705.423/SE (Tese 653), o centro da discussão foi a possibilidade de conceder incentivos fiscais em tributos com receitas partilhadas, cujo impacto negativo no volume de arrecadação decorria do exercício *lícito* do poder de exonerar. Entretanto, no contexto da Guerra Fiscal, a discussão se coloca em torno do dever de reparar os prejuízos suportados em decorrência do exercício *ilícito* da competência tributária negativa.

Na etapa final deste trabalho propõe-se uma reflexão sobre as consequências financeiras advindas de incentivos de ICMS concedidos em desconformidade com o ordenamento jurídico brasileiro. O objetivo geral é compreender como os precedentes referentes à "cortesia com chapéu alheio" podem ser aplicados no contexto da Guerra Fiscal.

Para tanto, são analisadas na primeira seção as inflexões do princípio da segurança jurídica nas relações interfederativas, com foco especial para a tutela da proteção da confiança legítima nas relações entre Estados-membros e Municípios.

A segunda seção promove um retorno às origens da Guerra Fiscal no Brasil, com o objetivo de traçar alguns limites ao exercício da autonomia política dos entes federados, em especial na concessão de incentivos fiscais de ICMS.

A terceira seção analisa a figura dos convênios e outras restrições à concessão de incentivos fiscais via ICMS. Quer-se demonstrar que a concessão de incentivos inconstitucionais está na origem do fenômeno da Guerra Fiscal de ICMS e justifica o dever de reparar os prejuízos suportados pelos Municípios.

A quarta seção é destinada a compreender o alcance da Lei Complementar nº 160/2017, com o fim de demonstrar que, embora tenha o importante papel de garantir algum grau de segurança jurídica nas relações entre Estados-membros (que instituíram incentivos inconstitucionais) e contribuintes, esta norma não afasta, mas enfatiza, a necessidade de recomposição das perdas sofridas pelos Municípios afetados.

3.1 Segurança jurídica e estabilidade das relações

A segurança é um valor que está associado a uma ordem jurídica republicana: a república é incompatível com a surpresa e deve ser orientada pela previsibilidade nas relações entre Estado e Cidadão.[167]

Não é por outra razão que a estabilidade das relações jurídicas como um todo é assegurada constitucionalmente como direito fundamental individual, por meio da garantia da imutabilidade do ato jurídico perfeito, da coisa julgada e do direito adquirido (art. 5º, inciso XXXVI, da CRFB) em face da sucessão normativa. Direito novo não pode prejudicar situações consolidadas, cujos efeitos geram um paradigma de relações previsíveis.

---

[167] ATALIBA, Geraldo. *República e Constituição*. 3. ed. São Paulo: Malheiros, 2011, p. 169.

A previsibilidade na atuação estatal está associada à não-surpresa: cabe ao Estado agir às claras, dando conhecimento tanto do caminho que pretende seguir quanto onde pretende chegar.[168] Esta acepção de previsibilidade como oposto de surpresa visa coibir a arbitrariedade, em sentido formal, além de induzir a aceitabilidade das decisões públicas por sua própria racionalidade, em sentido material.[169]

No Direito Tributário, a imposição de previsibilidade na atuação estatal alça a segurança jurídica como um sobreprincípio, cuja realização tem efeitos que transcendem as barreiras de seu conteúdo axiológico próprio e conduzem à realização de outros valores do sistema, como a igualdade, a irretroatividade, a universalidade da jurisdição, anterioridade, entre outros.[170] Somente é possível pensar em uma tributação democrática quando há transparência e previsibilidade na atuação estatal.

A segurança jurídica reclama a *"previsibilidade* e *certeza* da legalidade, como equivalentes da especificação dos critérios de generalidade e abstração que sempre acompanham as leis".[171] Isso significa que somente com a efetiva concretização das consequências estabelecidas pelos enunciados normativos – e, portanto, previsíveis – é que o sistema pode induzir um certo grau de certeza na aplicação do Direito.

A Constituição Tributária assegura limites ao poder de tributar quando busca afiançar a previsibilidade e certeza nas relações tributárias. Dentre esses limites podem-se citar o princípio da estrita legalidade (art. 150, inciso I) e as regras de anterioridade (anual e nonagesimal) que almejam garantir um tempo mínimo para que os contribuintes se preparem para arcar com a adequação às normas que impliquem aumento da carga tributária (art. 150, III, "b" e "c"), seja diretamente (criação ou aumento de tributos) ou indiretamente (revogação de isenções, por exemplo).[172]

---

[168] Como destaca Eduardo Maneira: "A não-surpresa funciona como limitação ao poder de tributar, ou seja, atua como mecanismo de proteção jurídica destinado a tutelar os direitos subjetivos dos contribuintes. É subprincípio do princípio da legalidade e confere a este último maior concretude e densidade. É também conexo com o princípio da irretroatividade das leis, pelo fato de ambos trabalharem a ideia de *lege praevia* (lei prévia)." (MANEIRA, Eduardo. *Direito tributário*: princípio da não surpresa. Belo Horizonte: Del Rey, 1994, p. 22-23).

[169] ÁVILA, Humberto. *Teoria da segurança jurídica.* 3. ed. São Paulo: Malheiros, 2015, p. 358.

[170] CARVALHO, Paulo de Barros. Princípio da segurança jurídica em matéria tributária. *Revista de Derecho de la Universidad Católica del Uruguay,* n. 1, p. 15-40, 2016, p. 40.

[171] TORRES, Heleno Taveira. *Direito constitucional tributário e segurança jurídica.* 2. ed. São Paulo: RT, 2012, p. 205.

[172] BORGES, José Souto Maior. *Teoria geral da isenção tributária.* 3. ed. São Paulo: Malheiros, 2001, p. 95.

Também é importante pensar a segurança jurídica como um valor intrínseco ao Direito Financeiro, na medida em que a atividade financeira do Estado é primordialmente baseada no princípio do consentimento, que representa, em último grau, a necessidade de uma lei, aprovada em um processo democrático, na qual é definido o destino dos recursos públicos.[173]

O orçamento é uma lei que, ao mesmo tempo que condiciona a atuação dos gestores – autorizando despesas a partir de um volume projetado de receitas –, dá previsibilidade e transparência ao destino dos recursos públicos.

A segurança jurídica impõe que a atuação financeira do Estado seja planejada, e, nesse contexto, o orçamento exerce um papel fundamental.[174] O planejamento é um veículo indutor da segurança jurídica, na medida em que confere previsibilidade àquilo que se pretende fazer e aos meios que serão empregados para tanto, o que também confere racionalidade e transparência à atuação estatal.[175] [176]

O planejamento, como elemento de previsibilidade e vetor de realização da segurança jurídica, tem extrema relevância nas relações entre os entes federados. Somente é possível pensar em atuação coordenada, típica de um federalismo de cooperação, no qual as competências descentralizadas são exercidas de maneira coerente com a realização

---

[173] Sobre o princípio do consentimento no direito tributário e financeiro é importante registrar que "Não satisfeito com exigir o consentimento à tributação, passou o povo a demandar que se lhes indicasse o que seria feito com os recursos por ele proporcionados. Assim, para mais da autorização para tributar, requer-se, num Estado de Direito, que o povo empreste o seu consentimento também para definir o destino do dinheiro público." (HORVATH, Estevão. Poder Executivo e orçamento público. *In*: LEITE, George Salomão; STRECK, Lenio; NERY JR., Nelson. *Crise dos poderes da república*. São Paulo: RT, 2017, p. 989-1.005. p. 990).

[174] O planejamento é um dever no Direito Financeiro, sendo que "orçamento moderno, sob qualquer de suas feições, constitui-se no plano de governo juridicizado" (HORVATH, Estevão. Orçamento público e planejamento. *In*: BANDEIRA DE MELLO, Celso Antônio (org.) *Estudos em homenagem a Geraldo Ataliba*: direito tributário. São Paulo: Malheiros, 1997, p. 119-134, p. 131).

[175] A Lei de Responsabilidade Fiscal adotou planejamento como "vetor de conduta dos agentes públicos, na medida em que somente uma ação planejada e transparente pode ser considerada como responsável em termos de gestão fiscal" (HORVATH, Estevão. *O orçamento no século XXI*: tendências e expectativas. 2014. 418 p. Tese (Titularidade em Direito) – Faculdade de Direito, Universidade de São Paulo, São Paulo, 2014, p. 321).

[176] Neste sentido ainda, v. PINHEIRO, Hendrick. Planejamento e controle: uma reflexão sobre ética. *Revista Contas Abertas*, v. 3, n. 3, p. 24-27, 2017.

de objetivos comuns, se houver conhecimento prévio dos objetivos e planos de ações que consideram todos os entes federativos.[177]

Pela perspectiva orçamentária, isso envolve tanto a definição de planos de ação que consideram as características e responsabilidades próprias de cada ente federado quanto a garantia de um fluxo de receitas estimável previamente pelos entes federativos.

Especificamente em relação às receitas, qualquer atuação ilícita que represente uma quebra nesta previsibilidade do volume de recursos disponível – por parte dos entes que devem receber as transferências constitucionais obrigatórias – configura uma ofensa ao princípio constitucional da segurança jurídica. Noutro giro, a fratura da previsibilidade – estado de fato decorrente de uma atuação estatal coerente e planejada pela perspectiva orçamentária – constitui uma ofensa direta ao princípio da segurança jurídica.

Pelo ângulo do ente federativo prejudicado, a afronta ao princípio da segurança jurídica decorrente da quebra da previsibilidade é tutelada pelo chamado princípio da proteção à confiança legítima.

3.1.1 Proteção da confiança legítima

A existência de um sistema jurídico *per se* já garante um estado de confiança mínimo aos indivíduos – baseado nos instrumentos que promovem a previsibilidade e a certeza do direito (legalidade) e a estabilidade do sistema (ordenamento de normas) –, cuja consolidação depende da previsibilidade derivada do respeito e regular aplicação das normas que formam o ordenamento jurídico. O princípio da proteção da confiança legítima é, portanto, um corolário da segurança jurídica atrelado à garantia de que as normas serão aplicadas de forma

---

[177] Conforme pontua José Maurício Conti: "Não há, pois, como estabelecer um planejamento orçamentário governamental sem levar em consideração a coordenação entre todas as esferas de governo, que deverão elaborar e executar suas leis orçamentárias de forma coesa entre si. O planejamento orçamentário governamental de cada esfera de governo exige, ao mesmo tempo, que se observem as peculiaridades e os interesses locais, regionais e nacionais, mas não prescinde do respeito ao planejamento das demais esferas de governo, especialmente aquelas com as quais o relacionamento financeiro é mais intenso, em que as transferências intergovernamentais são fundamentais para a condução da administração e o funcionamento adequado das várias políticas públicas em andamento e em implantação. No caso das políticas públicas operacionalizadas em âmbito nacional, com a participação de vários entes federados, mais ainda se faz presente a necessidade de respeitar um planejamento uniforme, coordenado e cooperativo" (CONTI, José Maurício. *O planejamento orçamentário da administração pública no Brasil*. São Paulo: Blucher, 2020, p. 251).

a garantir repercussões jurídicas compatíveis com uma situação considerada previsível.[178]

A proteção da confiança legítima é um vetor que deve orientar a atuação administrativa como um todo e impõe restrições à liberdade estatal de modificar de forma abrupta suas condutas e entendimentos.[179] [180]

A confiança legítima é, pois, um estado de fato derivado da ação previsível e, no contexto financeiro, planejada. Esta previsibilidade na aplicação das normas no sistema está diretamente ligada às regras que disciplinam a sucessão normativa.

Está ela diretamente conectada ao princípio da boa-fé, característica da atuação administrativa que gera a expectativa de uma atuação correta, leal e honesta. O estado de confiança legítima é aquele de uma atuação de boa-fé e o desvio desta expectativa recebe sanção do ordenamento.[181]

O sistema de planejamento financeiro visa garantir, em especial em um Estado federal, a expectativa de que cada ente federado realizará da melhor forma e de maneira colaborativa suas atribuições. Para tanto, é imprescindível que estes entes disponham do volume de recursos que lhes foi destinado constitucionalmente para financiarem os seus misteres.

Justamente por entender que o quinhão de cada ente nas receitas, partilhado constitucionalmente, é imprescindível para garantir que

---

[178] TORRES, Heleno Taveira. *Direito constitucional tributário e segurança jurídica*. São Paulo: RT, 2004, p. 222.

[179] Neste sentido, ver: COUTO E SILVA, Almiro do. O princípio da segurança jurídica no direito público brasileiro e o direito da administração pública de anular seus próprios atos administrativos: o prazo decadencial do art. 54 da Lei do Processo Administrativo da União. *In*: COUTO E SILVA, Almiro do. *Conceitos fundamentais do direito no Estado constitucional*. São Paulo: Malheiros, 2015, p. 43-90, p. 46.

[180] Destaca-se que "a proteção à confiança contribui para a previsibilidade e estabilidade das decisões administrativas. Em um paradigma de confiança, evita-se ainda a prática de atos essencialmente arbitrários por parte da administração pública, impondo restrições a sua atuação de modo a impossibilitar invasões indevidas no campo privado do contribuinte." (MARQUES NETO, Floriano de Azevedo; PINHEIRO, Hendrick. A impossibilidade de desvinculação de receita de doação ao Fundo Municipal da Criança e do Adolescente. *Revista de Direito Administrativo*. Rio de Janeiro, v. 279, n. 2, p. 59-77, ago. 2020, p. 71).

[181] Explica Flavio Rubinstein: "Em síntese, pode-se afirmar que a atuação conforme à boa-fé objetiva pressupõe, dentre outros tantos deveres, que se proteja a confiança gerada por uma das partes da relação jurídica na contraparte, para que tal confiança não seja indevidamente frustrada. Aliás, essa proteção já decorria da primitiva fides, que imputada enorme peso às promessas das partes, exigindo que estas mantivessem condutas coerentes e legais." (RUBINSTEIN, Flavio. *Boa-fé objetiva no direito tributário e financeiro*. São Paulo: Quartier Latin, 2010, p. 77).

um governante desenvolva seu plano de governo, o Supremo Tribunal Federal desenvolveu a jurisprudência que reconhece a aplicação da chamada *intranscendência subjetiva das sanções* ao Direito Financeiro.[182]

O princípio da intranscendência subjetiva, que estabelece que a pena não pode transcender a pessoa do sujeito infrator, emerge da garantia fundamental prevista no art. 5º, inciso XLV, da CRFB. Por outros torneios, significa que a sanção não pode atingir pessoas que não deram causa ou não participaram do ilícito.

Embora não seja esta a principal razão de decidir do STF no caso da *intranscendência subjetiva das sanções* aplicável ao Direito Financeiro, é possível inferir que o Excelso Tribunal reconhece uma expectativa legítima dos governantes eleitos, criada a partir do ordenamento (especialmente pela partilha constitucional das rendas), de acesso às receitas garantidas constitucionalmente para a realização das funções públicas. A conduta dos entes federados em reter parte dessa receita frustra essa expectativa, impossibilita a realização de políticas públicas e, por isso, é inconstitucional. [183]

Mutatis mutandis, a partilha constitucional de recursos dos entes federados, gera a expectativa de um fluxo de receitas para que os entes

---

[182] Para ilustrar uma orientação comum a todos os julgados sobre o tema, cita-se a seguinte ementa: "AGRAVO INTERNO NA AÇÃO CÍVEL ORIGINÁRIA. CONSTITUCIONAL. ADMINISTRATIVO. FINANCEIRO. LEGITIMIDADE PASSIVA DA UNIÃO. TOMADA DE CONTAS ESPECIAL. INSCRIÇÃO DE ESTADO-MEMBRO EM CADASTRO DE INADIMPLENTES. ATOS DECORRENTES DE GESTÕES ANTERIORES. APLICAÇÃO DO PRINCÍPIO DA INTRANSCENDÊNCIA SUBJETIVA DAS SANÇÕES. PRECEDENTES. AGRAVO INTERNO A QUE SE NEGA PROVIMENTO. 1. O princípio da intranscendência subjetiva das sanções inibe a aplicação de severas sanções às administrações por ato de gestão anterior à assunção dos deveres Públicos. Precedentes: ACO 1.848-AgR, rel. Min. Celso Mello, Tribunal Pleno, DJe de 6.11.2014; ACO 1.612-AgR, rel. Min. Celso de Mello, Tribunal Pleno, DJe de 12.02.2015. 2. Em casos como o presente, o propósito é de neutralizar a ocorrência de risco que possa comprometer, de modo grave e/ou irreversível, a continuidade da execução de políticas públicas ou a prestação de serviços essenciais à coletividade. 3. A tomada de contas especial é medida de rigor com o ensejo de alcançar-se o reconhecimento definitivo de irregularidades, permitindo-se, só então, a inscrição do ente nos cadastros de restrição ao crédito organizados e mantidos pela União. Precedentes: ACO 1.848-AgR, rel. Min. Celso Mello, Tribunal Pleno, DJe de 6.11.2014; AC 2.032, Rel. Min. Celso de Mello, Tribunal Pleno, DJe de 20.03.2009. 4. Agravo interno a que se nega provimento." (BRASIL. Supremo Tribunal Federal. *Agravo Regimental em Ação Cível Originária nº 2.254*. Rel. Min. Luiz Fux, 1ª T., j. 20 out. 2017, DJe-252 07 nov. 2017).

[183] A aplicação deste princípio ao Direito Financeiro também pode ser identificada no Superior Tribunal de Justiça, que consignou, na sua súmula de jurisprudência, o verbete nº 615, com a seguinte redação: "Não pode ocorrer ou permanecer a inscrição do município em cadastros restritivos fundada em irregularidades na gestão anterior quando, na gestão sucessora, são tomadas as providências cabíveis à reparação dos danos eventualmente cometidos." (BRASIL. Superior Tribunal de Justiça. *Súmula 615*, primeira seção, j. 09 mai. 2018, DJe 14 mai. 2018).

possam fazer frente às atribuições também fixadas pela Constituição. O rompimento dessa expectativa, com mais razão no caso de uma atuação inconstitucional dos entes federativos, desemboca na quebra da confiança, pressuposta no ordenamento jurídico. Fere-se de morte, portanto, o princípio da confiança legítima.

É papel do Poder Judiciário atuar conferindo essa tutela, mormente nos conflitos federativos. É pressuposto, a partir da boa-fé objetiva, que os entes federativos agirão de maneira constitucional e de forma a não prejudicar a arrecadação de seus tributos, particularmente daqueles cujo produto da arrecadação é partilhado com outros entes.

Na hipótese da quebra dessa confiança legítima, cabe ao Poder Judiciário reconhecer a responsabilização do ente que praticou atos inconstitucionais, de forma a recompor o estado de confiança anterior, que, no caso, é representado pelo volume de receitas de que o ente federado prejudicado foi privado.

3.2 Guerra Fiscal: origens e consequências para o federalismo brasileiro

A competição pelas fontes de receita tributável não é recente no federalismo brasileiro. Antes de 1948,[184] o antigo Imposto Sobre Indústrias e Profissões – que incidia sobre algumas atividades econômicas e não propriamente sobre um fato gerador especificamente delimitado[185] – integrava a competência dos Estados, mas, como parcela da arrecadação pertencia aos Municípios, alguns deles tentaram legislar substantivamente sobre como seria instituída e cobrada a parcela que lhes cabia. Rubens Gomes de Sousa explica que esta é a razão histórica para a inclusão do parágrafo único do art. 6º do Código Tributário Nacional, que atribui exclusivamente ao ente detentor da competência a capacidade de legislar sobre o tributo cujas receitas são partilhadas.[186]

---

[184] Como explica Gerson Augusto da Silva: "Só a partir de 1948, o indústria e profissões passará à categoria dos impostos exclusivamente municipais" (SILVA, Gerson Augusto da. *Sistema Tributário Brasileiro*. Brasília: ESAF, 1986, p. 37).

[185] PINHEIRO, Hendrick. Imposto sobre serviços advocatícios. *In*: ABREU, Anselmo Zilet; DANIEL NETO, Carlos Augusto; COSTA, Márcio Cesar (org.). *Direito constitucional tributário e tributação municipal*: estudos em homenagem à Professora Elizabeth Nazar Carrazza. São Paulo: Quartier Latin, 2021, p. 221-240, p. 224.

[186] SOUSA, Rubens Gomes de; ATALIBA, Geraldo; CARVALHO, Paulo de Barros. *Comentários ao Código Tributário Nacional*: parte geral. São Paulo: RT, 1975, p. 85.

As vicissitudes do sistema tributário, que não se limitavam aos problemas do Imposto Sobre Indústria e Profissões, levaram à reforma de 1965 – que tinha o objetivo de racionalizar a tributação. Porém, a reforma acabou regionalizando o ICM, tributo com uma clara "vocação nacional",[187] de forma a privilegiar um sistema de financiamento dos entes subnacionais baseado em fontes próprias.[188] Esta situação foi mantida com a Constituição de 1988, momento em que se perdeu a oportunidade de unificar os tributos sobre o consumo no Brasil (IPI, ICM e ISS), medida que reduziria os custos de fiscalização e simplificaria o cumprimento de obrigações acessórias.[189]

A chamada "Guerra Fiscal" consiste em uma modalidade de concorrência fiscal horizontal,[190] um fenômeno político que, auspiciando entregar dividendos positivos derivados do empenho das entidades tributantes com a atração de investimentos e a promoção de desenvolvimento econômico e social, revela uma quebra na harmonia entre os entes federados preconizada pela Constituição Federal.[191]

Esse desequilíbrio se manifesta mais pronunciadamente no ICMS, apesar de que a concorrência entre entes federativos na busca por investimentos não é um fenômeno exclusivo deste tributo.

No campo do Imposto Sobre Serviços de Qualquer Natureza (ISSQN),[192] a competição entre Municípios gerou uma ampla regulamentação em sede de normas gerais, que limitaram sensivelmente a

---

[187] MARTINS, Ives Gandra da Silva. Estímulos fiscais no ICMS e a unanimidade constitucional. *In*: MARTINS, Ives Gandra da Silva; CARVALHO, Paulo de Barros. *Guerra Fiscal*: reflexões sobre a concessão de benefícios no âmbito do ICMS. São Paulo: Noeses, 2012, p. 1-22, p. 2.

[188] COSTA, Alcides Jorge. Algumas ideias sobre uma reforma do sistema tributário brasileiro. *In*: OLIVEIRA, Ricardo Mariz de; COSTA, Sérgio de Freitas. *Diálogos póstumos com Alcides Jorge Costa*. São Paulo: IBDT, 2017, p. 375-379.

[189] OLIVEIRA, Ricardo Mariz de. Comentários de Ricardo Mariz de Oliveira. *In*: OLIVEIRA, Ricardo Mariz de; COSTA, Sérgio de Freitas (coord.). *Diálogos póstumos com Alcides Jorge Costa*. São Paulo: IBDT, 2017, p. 375-379.

[190] TORRES, Heleno Taveira. *Teoria da constituição financeira*. 2014. 864 p. Tese (Titularidade em Direito) – Faculdade de Direito, Universidade de São Paulo, São Paulo, 2014, p. 405.

[191] CARVALHO, Paulo de Barros. A concessão de isenções ou benefícios fiscais no âmbito do ICMS. *In*: MARTINS, Ives Gandra da Silva; CARVALHO, Paulo de Barros. *Guerra Fiscal*: reflexões sobre a concessão de benefícios no âmbito do ICMS. São Paulo: Noeses, 2012, p. 23-94.

[192] Sobre o tema: CHIESA, Clelio. A Guerra Fiscal e o ISSQN. *In*: DERZI, Misabel Abreu Machado; BATISTA JUNIOR, Onofre; MOREIRA, André Mendes. *Estado federal e Guerra Fiscal no Brasil*. Belo Horizonte: Arraes, 2015, v. 3, p. 377-383; TOMÉ, Fabiana Del Padre. A Guerra Fiscal no ISSQN: a delimitação do estabelecimento do prestador e critérios para a quantificação da base de cálculo. *In*: DERZI, Misabel Abreu Machado; BATISTA JUNIOR, Onofre; MOREIRA, André Mendes. *Estado federal e Guerra Fiscal no Brasil*. Belo Horizonte: Arraes, 2015, v. 3, p. 345-360.

autonomia política municipal quanto à instituição de incentivos fiscais por meio desse tributo ao estabelecerem a alíquota mínima de 2% e a proibição de medidas desonerativas que impliquem tributação inferior a este patamar.[193]

Outra manifestação da Guerra Fiscal do ISSQN foi a tentativa de instituição, por parte de alguns Municípios, de normas antielisivas que obrigavam o cadastro de prestadores estabelecidos fora de seu território. Embora essas medidas tenham o nobre objetivo de evitar a criação de "empresas de caixa postal", que são formalmente estabelecidas em Municípios com carga tributária menor, mas prestam efetivamente serviços em outras localidades, o Supremo Tribunal Federal entendeu, quando chamado para arbitrar este conflito federativo, que é inconstitucional a instituição de obrigações acessórias para contribuintes estabelecidos fora do território municipal.[194]

Outra disfunção federativa pode ser identificada no Imposto sobre a Propriedade de Veículos Automotores (IPVA). A falta de uma regulamentação mais detalhada deste tributo no âmbito das normas gerais (até agora inexistentes) conduz a tentativas, por parte de algumas unidades federativas, de atrair para seu território grandes contribuintes do imposto (como locadoras de veículos), mediante a redução de suas alíquotas. Para combater essa evasão de divisas, outras unidades reagem instituindo regulamentações específicas que visam evitar que os veículos sejam transferidos artificialmente para outras unidades, mas sigam rodando em seu território.[195] Também nesse caso, quando chamado a se manifestar sobre o conflito federativo, o STF decidiu, em sede de repercussão geral, pela inconstitucionalidade dessas legislações antielisivas reafirmando que o IPVA pode ser cobrado apenas pelo Estado no qual o contribuinte mantém domicílio tributário.[196]

---

[193] Embora o art. 88, incisos I e II, do ADCT já previsse a alíquota mínima de 2% e a impossibilidade de redução da tributação em patamares inferiores a este, esta previsão foi reforçada com a inserção do art. 8-A na LC nº 116/03 pela LC nº 157/2016.

[194] BRASIL. Supremo Tribunal Federal. *Recurso Extraordinário nº 1.167.509*. Pleno, j. 01 mar. 2021, DJe-050 16 mar. 2021.

[195] Sobre o tema: SILVA, Paulo Roberto Coimbra. Conflitos federativos (Guerra Fiscal) em torno do IPVA e possíveis soluções. *In*: DERZI, Misabel Abreu Machado; BATISTA JUNIOR, Onofre; MOREIRA, André Mendes. *Estado federal e Guerra Fiscal no Brasil*. Belo Horizonte: Arraes, 2015, v. 3, p. 315-328.

[196] BRASIL. Supremo Tribunal Federal. *Recurso Extraordinário nº 1.016.605*. Pleno, j. 16 set. 2020, DJe-293 16 dez. 2020.

CAPÍTULO 3
SEGURANÇA JURÍDICA, GUERRA FISCAL E A LC 160/2017 | 83

A Guerra Fiscal do ICMS é claramente a maior demonstração da competição horizontal de entes federativos no Brasil. Trata-se de um fenômeno multifacetado no federalismo brasileiro,[197] cuja feição mais comum está nos chamados "incentivos unilaterais", concedidos sem a devida aprovação no Conselho Nacional de Política Fazendária – Confaz. A concessão de incentivos unilaterais já foi julgada diversas vezes pelo Supremo Tribunal Federal, que, por ocasião da ADI nº 2.377, registrou: "a orientação do Tribunal é particularmente severa na repressão à Guerra Fiscal entre as unidades federadas, mediante a prodigalização de isenções e benefícios fiscais atinentes ao ICMS, com afronta da norma constitucional do art. 155, §2º, II".[198]

A necessidade de intervenção do Supremo Tribunal Federal como mediador das relações federativas derivadas da instituição e cobrança do ICMS é uma decorrência da complexidade deste tributo. Como bem destacava Rubens Gomes de Sousa, embora o ICMS tenha sido atribuído aos Estados e ao Distrito Federal na divisão de rendas, é necessário um certo grau de centralização na sua regulação, pois, embora a competência para sua instituição e cobrança seja pulverizada entre os Estados e o Distrito Federal, é único o universo de contribuintes que estão sujeitos à sua incidência na perspectiva nacional.[199]

---

[197] A competição entre entes federativos pode, inclusive, não envolver incentivos fiscais. Um exemplo desse fenômeno pode ser observado no Protocolo ICMS nº 21/2011, firmado por 21 estados da federação que tentaram alterar o chamado "princípio da origem" para operações realizadas por meio da internet, *telemarketing* e *showroom* (comércio eletrônico). O ICMS, em regra, é devido à unidade de origem da mercadoria e esse convênio propunha deslocar a tributação para o Estado de destino no comércio eletrônico. Embora este fenômeno não envolva a renúncia de receitas, a definição do local da incidência – com o afastamento do princípio da origem – provoca uma perda de arrecadação de alguns entes federativos em detrimento de outros, o que gera conflito entre Estados produtores e consumidores. Chamado a se manifestar, o STF reconheceu a inconstitucionalidade do protocolo (BRASIL. Supremo Tribunal Federal. *Ação Direta de Inconstitucionalidade 4.628*. Pleno, j. 17 set. 2014, DJe-230 17 set. 2014), mas a questão acabou sendo cuidada pela Emenda Constitucional nº 87, de 16 de abril de 2015, que constitucionalizou o princípio do destino para operações que destinem bens e serviços a consumidor final, contribuinte ou não do imposto, localizado em outro Estado.

[198] BRASIL. Supremo Tribunal Federal. *Medida Cautelar em Ação Direta de Inconstitucionalidade nº 2.377*. Pleno, j. 22 fev. 2001, pub. 07 nov. 2003.

[199] Como registrou nosso codificador: "Para emprestar mérito à 'vendagem' dessa idéia [sic], lembro que mais um fator, a meu ver o mais importante, perde-se de vista nas sapientes elocubrações sobre discriminação de rendas: o de que o dinheiro vem sempre do mesmo lugar, o bolso de contribuinte; assim, aos que (mais uma vez!) me atirarem em rosto 'a morte de federação', responderei que o governo pode ser federado, mas o contribuinte é unitário" (SOUZA, Rubens Gomes de. Os impostos sobre o valor acrescido no sistema tributário. *Revista de Direito Administrativo*, v. 110, p. 17-26, 1972, p. 26).

A Constituição de 1988 reconhece a necessidade de uniformização das regras relativas ao ICMS e o potencial de competição federativa entre Estados produtores e consumidores. Para tentar minimizar os efeitos desse fenômeno, estabelece regras que vedam a instituição de medidas discriminatórias ou entraves a atividades interestaduais ou intermunicipais.[200]

O texto da Constituição também estabelece medidas de integração do sistema tributário que são muito sensíveis ao ICMS, com normas de caráter negativo, que objetivam evitar comportamentos predatórios, como a proibição da limitação de tráfego de bens e pessoas por meio da tributação (art. 150, inciso V) e a discriminação a partir da origem (art. 152), bem como com medidas positivas, que colaboram com a promoção das relações federativas, como a necessidade do reconhecimento dos créditos acumulados ainda que gerados em outra unidade federativa, na forma da lei complementar (art. 155, XII, "g").[201]

A Constituição da República outorga ainda um papel fundamental ao Senado Federal na manutenção da uniformidade do ICMS.[202] Integram a competência da "Casa Alta" o estabelecimento das alíquotas aplicáveis às operações interestaduais (art. 155, §2º, VI) e a possibilidade de estabelecer alíquotas mínimas e máximas nas operações internas (art. 155, §2º, V), sendo que, neste último caso, o legislador constituinte reconhece, expressamente, o seu papel de mediador de conflitos entre Estados.[203]

Um exemplo de mediação do Senado Federal em conflitos federativos de ICMS ocorreu na chamada "Guerra dos Portos", na qual unidades da federação competiam pelo ICMS incidente sobre produtos importados, tendo algumas unidades instituído incentivos fiscais

---

[200] BRANDÃO JUNIOR, Salvador Cândido. *Federalismo e ICMS*: Estados-membros em "Guerra Fiscal". 2013. 193 f. Dissertação (Mestrado em Direito) – Faculdade de Direito da Universidade de São Paulo, São Paulo, 2013, p. 76.

[201] SAMPAIO DÓRIA, Antônio Roberto. *Discriminação de rendas tributárias*. São Paulo: José Bushatsky, 1972, p. 177-178.

[202] ELALI, André. *O federalismo fiscal brasileiro e o Sistema Tributário Nacional*. São Paulo: MP Editora, 2004, p. 86.

[203] Para Humberto Ávila "é preciso ressaltar que o Senado Federal é o órgão de representação dos Estados e do Distrito Federal no Congresso Nacional. Assim, a constituição considerou adequado que ele tratasse da fixação das alíquotas interestaduais, como forma de evitar deliberação direta entre os Estados, haja vista a dificuldade de se encontrar consenso em matérias que envolvam a partilha de receitas tributárias." (ÁVILA, Humberto. A Guerra Fiscal do ICMS e a Resolução nº 13/2012 do Senado Federal. *In*: DERZI, Misabel Abreu Machado; BATISTA JUNIOR, Onofre; MOREIRA, André Mendes. *Estado federal e Guerra Fiscal no Brasil*. Belo Horizonte: Arraes, 2015, v. 3, p. 35-58, p. 44).

com o objetivo de atrair empresas para que estas se instalassem em seu território ou nele operassem. Na tentativa de encerrar esse processo de competição foi editada a Resolução do Senado Federal nº 13/2012,[204] que uniformizava a alíquota interestadual para produtos importados em 4% e, na prática, acabava com a atratividade dos incentivos concedidos. Embora essa medida tenha apresentado sérios problemas de operacionalização[205] e até questionamentos sobre sua compatibilidade com a Constituição, o STF acabou confirmando sua constitucionalidade.[206]

Na busca pela uniformidade, a Constituição da República estabeleceu ainda limites específicos para a concessão de incentivos fiscais de ICMS, que transcendem o princípio da legalidade estabelecido no art. 150, §6º. Para este tributo, a forma como serão concedidos os incentivos e benefícios fiscais é matéria de lei complementar (art. 155, XII, "g"). Não obstante, o próprio texto constitucional determina que esses incentivos serão concedidos "mediante deliberação", ao que é possível concluir que a existência de um fórum de discussão entre as unidades federadas sobre a possibilidade de concessão de incentivos é uma determinação constitucional, ainda que exista dúvida sobre o quórum necessário para aprovação.

É certo que a Constituição e as leis complementares que regulam o ICMS buscaram instituir um certo grau de uniformidade para este tributo. Porém, essas medidas não foram suficientes para suprimir a "Guerra Fiscal" entre os entes federativos. Como bem apontava o saudoso Professor Gerd Willi Rothmann, a desobediência dos Estados, que criam incentivos e benefícios de maneira inconstitucional, pois sem a autorização por convênios, "é altamente nociva ao livre mercado, pois criam sérias distorções concorrenciais e, ainda, a sonegação fiscal".[207]

Uma das consequências negativas da Guerra Fiscal do ICMS, que gera perda de competitividade econômica, é a proliferação da chamada

---

[204] BRASIL. Senado Federal. *Resolução nº 13, de 2012*. Disponível em: http://www.planalto.gov.br/ccivil_03/_Ato2011-2014/2012/Congresso/RSF-13-2012.htm. Acesso em 31 mai. 2022.

[205] FOLLONI, André. A Guerra dos Portos e a Resolução Senatorial nº 13/2012: Direito Tributário e desenvolvimento nacional em lados opostos. *In*: DERZI, Misabel Abreu Machado; BATISTA JUNIOR, Onofre; MOREIRA, André Mendes. *Estado federal e Guerra Fiscal no Brasil*. Belo Horizonte: Arraes, 2015, v. 3, p. 269-286.

[206] BRASIL. Supremo Tribunal Federal. *Ação Direta de Inconstitucionalidade 4.858*. Pleno, j. 17 ago. 2021, DJe-208 20 out. 2021.

[207] ROTHMANN, Gerd Willi. Tributação do consumo: reflexões sobre uma reforma tributária economicamente racional e viável. *In*: DERZI, Misabel Abreu Machado; BATISTA JUNIOR, Onofre; MOREIRA, André Mendes. *Estado federal e Guerra Fiscal no Brasil*. Belo Horizonte: Arraes, 2015, v. 4, p. 21-42, p. 26.

"substituição tributária para frente", que o descaracteriza como tributo de mercado,[208] transformando-o em uma exação "que onera antecipadamente as operações, exige dos contribuintes maior capital disponível e persegue preços fictícios, distantes do mercado".[209]

Outra consequência negativa desse desequilíbrio federativo é a perda de arrecadação decorrente da erosão das bases tributáveis.[210] Na busca por investimentos, os Estados renunciam a uma parcela de sua receita que seria fundamental para o financiamento das missões estabelecidas pela Constituição da República para Estados e Distrito Federal.[211]

Quer-se demonstrar que a Constituição de 1988, embora tenha atribuído o ICMS aos Estados e ao Distrito Federal, em um modelo descentralizado, estabeleceu um conjunto de parâmetros para garantir a uniformidade desse tributo. A competência do Senado Federal para estabelecer alíquotas máximas e mínimas e a centralidade da lei complementar na instituição de normas gerais são exemplos dessa busca por um viés de uniformidade, cuja realização viabilizaria a harmonia nas relações federativas.

A Guerra Fiscal decorrente da instituição de incentivos fiscais unilaterais de ICMS é certamente um desvio, decorrente de uma postura federativa individualista de Estados e Distrito Federal executada ao arrepio da Constituição da República.[212] A concessão desses incentivos representa, pois, um exercício de autonomia política realizado extrapolando os limites estabelecidos pela ordem constitucional. Nessa linha, a redução no volume de receita partilhada com Municípios, no

---

[208] DERZI, Misabel de Abreu Machado. Aspectos essenciais do ICMS, como Imposto de Mercado. *In*: SCHOUERI, Luís Eduardo; ZILVETI, Fernando Aurelio (coord.). *Direito Tributário*: estudos em homenagem a Brandão Machado. São Paulo: Dialética, 1998, p. 116-142.

[209] DERZI, Misabel de Abreu Machado. Guerra Fiscal, Bolsa Família e silêncio (relações, efeitos e regressividade). *Revista Jurídica da Presidência*. Brasília, v. 16, n. 108, p. 39-64, 2014, p. 54.

[210] VARSANO, Ricardo. O Sistema Tributário de 1967: adequado ao Brasil de 80? *Pesquisa e Planejamento Econômico*. Rio de Janeiro, v. 11, n. 1, p. 203-227, abr. 1981, p. 218.

[211] Como bem demonstrou Carlos Marcelo Gouveia, o ICMS, como pensado na Constituição de 1988, apesar de ter uma base tributária maior que a do antigo ICM, não foi suficiente para assegurar a autonomia financeira dos Estados e do Distrito Federal. O autor aponta a Guerra Fiscal como um dos fatores que prejudicam a concretização do ideal de suficiência de recursos para os Estados-membros (GOUVEIA, Carlos Marcelo. *Federalismo, crise fiscal dos Estados e o ICMS em evolução*. 2021. 206 f. Tese (Doutorado em Direito) – Faculdade de Direito, Universidade de São Paulo, 2021, p.105).

[212] Sobre o conceito de individualismo fiscal, ver: GABARDO, Emerson; RIBEIRO, Marcelo Miranda. Individualismo fiscal e solidariedade: a difícil harmonia no federalismo competitivo brasileiro. *In*: DERZI, Misabel Abreu Machado; BATISTA JUNIOR, Onofre; MOREIRA, André Mendes. *Estado federal e Guerra Fiscal no Brasil*. Belo Horizonte: Arraes, 2015, v. 4, p. 43-68.

CAPÍTULO 3
SEGURANÇA JURÍDICA, GUERRA FISCAL E A LC 160/2017

contexto do federalismo fiscal decorrente dessa atuação inconstitucional, não pode ser ignorada.

Retomando a perspectiva da segurança jurídica, a concessão de incentivos fiscais unilaterais pelos Estados e pelo Distrito Federal representa uma quebra na expectativa de harmonia federativa, que tem como consequência uma quebra na confiança legítima dos Municípios de que o ICMS será instituído e arrecadado dentro das balizas estabelecidas pela Constituição Federal.

Dito de outra forma, o respeito à legalidade na instituição, na cobrança e, principalmente, na renúncia de receitas de ICMS é um dever dos Estados-membros e do Distrito Federal em relação aos Municípios, titulares de parcela da arrecadação desse tributo. O agir inconstitucional representa, portanto, uma quebra da confiança das municipalidades.

3.3 Convênios e a legalidade dos benefícios fiscais de ICMS

A demarcação constitucional dos limites da competência legislativa de cada ente são elementos essenciais do Estado federal. A fixação desses campos de liberdade no Direito Tributário, para além de assegurar autonomia política, contribui para o equilíbrio nas relações entre os entes federados.

O federalismo como ordem permanente e homogênea (art. 60, §4º, da CRFB) é incompatível com uma competição predatória. Assim, no desenvolvimento da atividade de fomento econômico por meio da tributação,[213] é imperioso que os entes federados respeitem os limites impostos pela Constituição visando, justamente, à manutenção da federação.

Os limites objetivos estabelecidos pelo no art. 155, §2º, XII, "d", da Constituição Federal para a concessão de incentivos de ICMS têm esta função homogeneizadora.[214] Como detalha Clélio Chiesa:

---

[213] MARQUES NETO, Floriano de Azevedo. Fomento. *In*: DI PIETRO, Maria Sylvia Zanella (coord.). *Funções administrativas do Estado*. São Paulo: Revista dos Tribunais, 2015, v. 4, p. 403-508, p. 410-411.

[214] Como bem destaca Tércio Sampaio Ferraz Júnior: "Se atentarmos, porém, para a complementação exigida pela Constituição entre Estado de Direito e Estado Social em termos de 'Estado Democrático de Direito' (art. 1º) não se há de afirmar nenhuma contrariedade entre dispositivos que regulam, quanto ao ICMS, a concessão de benefícios fiscais, para eles exigindo deliberação conjunta de Estados e Distrito Federal, e os que atribuem ao Estado a função de fomento da atividade econômica. Como objetivos distintos, ambos se regram

O ICMS é um imposto estadual. E como tal, seguindo a regra geral, caberia a cada um dos Estados dispor livremente sobre a instituição de isenções no âmbito de cada território. Contudo, devido à interdependência existente entre os sistemas estaduais, as isenções relativas ao ICMS devem observar as normas gerais relativas às isenções mais a regra prevista no art. 155, §2º, XII, "g", da Constituição Federal, a qual estabelece que cabe ao Congresso Nacional, por meio de lei complementar, "regular a forma como, mediante deliberação dos Estados e do Distrito Federal, isenções, incentivos e benefícios fiscais serão concedidos e revogados".[215]

A Lei Complementar nº 24, de 07 de janeiro de 1975, regulou a matéria e estabeleceu a necessidade de aprovação de autorização para concessão de isenções pelos Estados e Distrito Federal por meio de convênios, que dependem de aprovação unânime dos membros (art. 2, §2º).

A unanimidade para a aprovação dos convênios de ICMS é uma regra controversa na doutrina nacional. Ives Gandra da Silva Martins reconhece na necessidade de anuência de todos os Estados e do Distrito Federal para a aprovação de incentivos de ICMS uma norma constitucional. Fazendo referência aos incisos VI e XII, "g", do art. 155 da CRFB, o autor afirma que "a unanimidade decorre de não ter o constituinte estabelecido um quórum menor para a aprovação de estímulos fiscais".[216]

Por outro lado, Paulo de Barros Carvalho pondera que a exigência de unanimidade não estaria posta como uma previsão constitucional e que seria uma solução razoável reduzir, para alguns casos específicos, "o quórum de aprovação para dois terços, cumprindo, desse modo, a função de tornar factível o estímulo para desenvolvimento dos Estados menos favorecidos, com consequente redução das desigualdades regionais, como desejado pela Constituição de 1988".[217]

---

pelo mesmo princípio da homogeneidade, exercendo, contudo, funções diferentes na sua concretização" (FERRAZ JÚNIOR, Tércio Sampaio. Guerra Fiscal, fomento e incentivo na Constituição Federal. *In*: SCHOUERI, Luís Eduardo; ZILVETI, Fernando Aurelio (coord.). *Direito Tributário*: estudos em homenagem a Brandão Machado. São Paulo: Dialética, 1998, p. 275-285, p. 278).

[215] CHIESA, Clélio. Isenção. *In*: CARVALHO, Paulo de Barros; VIEIRA, Maria Leonor Leite; LINS, Robson Maia. *Direito Tributário*. São Paulo: Pontifícia Universidade Católica de São Paulo, 2017. Disponível em: https://enciclopediajuridica.pucsp.br/verbete/290/edicao-1/isencao.

[216] MARTINS, Ives Gandra da Silva. Estímulos fiscais no ICMS e a unanimidade constitucional. *In*: MARTINS, Ives Gandra da Silva; CARVALHO, Paulo de Barros. *Guerra Fiscal*: reflexões sobre a concessão de benefícios no âmbito do ICMS. São Paulo: Noeses, 2012, p. 1-22, p. 6.

[217] CARVALHO, Paulo de Barros. A concessão de isenções ou benefícios fiscais no âmbito do ICMS. *In*: MARTINS, Ives Gandra da Silva; CARVALHO, Paulo de Barros. *Guerra Fiscal*:

A despeito das discussões sobre sua constitucionalidade ou mesmo de sua viabilidade prática,[218] o requisito da unanimidade estabelecido pela Lei Complementar nº 24/1975 tem o claro objetivo de evitar uma competitividade danosa. Ou seja, trata-se de uma garantia de manutenção da forma federativa do Estado brasileiro.

Isso não obstante, embora a Constituição e as normas gerais aplicáveis tenham a função de garantir a previsibilidade das relações entre Estados e Distrito Federal diante dos riscos de competição por novos investimentos, seu reiterado desrespeito impede a concretização da certeza necessária à efetivação do princípio da segurança jurídica.

A Guerra Fiscal é uma decorrência da "ausência de um controle efetivo de incentivos fiscais" e "ocasiona a malversação do ICMS como instrumento de política fiscal para a atração de investimentos privados mediante a prática de incentivos fiscais à revelia do Confaz".[219]

O ordenamento, por meio da LC nº 24/1975 e buscando garantir a previsibilidade nas relações entre Estados e Distrito Federal, estabeleceu as consequências do descumprimento da regra que estabelece a necessidade de convênio unânime prévio para a concessão de incentivos de ICMS, *in verbis*:

> Art. 8º – A inobservância dos dispositivos desta Lei acarretará, cumulativamente:
> I – a nulidade do ato e a ineficácia do crédito fiscal atribuído ao estabelecimento recebedor da mercadoria;
> II – a exigibilidade do imposto não pago ou devolvido e a ineficácia da lei ou ato que conceda remissão do débito correspondente.

Em que pese também ser questionável a forma como essas consequências vêm sendo aplicadas pelas legislações tributárias Estaduais ou Distrital – que, muitas vezes, buscam combater a Guerra Fiscal por

---

reflexões sobre a concessão de benefícios no âmbito do ICMS. São Paulo: Noeses, 2012, p. 23-94, p. 57.

[218] A manutenção do critério da unanimidade representa, em realidade, uma ilusão de autonomia dos Estados e do Distrito Federal. Diante da possibilidade de concessão de incentivos prevista formalmente pela Lei Complementar nº 24/1975, bastaria que os entes seguissem as regras lá previstas. Porém, "dada a exigência do consenso absoluto ou da unanimidade que se exige nessa reunião de secretários de estado, que, na verdade, nenhum benefício fosse aprovado" (HORVATH, Estevão. Não cumulatividade e o estorno dos créditos nas hipóteses de incentivos fiscais concedidos sem convênio. *Revista de Direito Tributário*. São Paulo, n. 123, p. 38-42, 2015, p. 39).

[219] BEVILACQUA, Lucas. *Incentivos fiscais de ICMS e desenvolvimento regional*. São Paulo: Quartier Latin, 2013, p. 62.

meio da glosa de créditos dos adquirentes,[220] em clara ofensa o princípio da não cumulatividade –,[221] os requisitos estabelecidos pela LC nº 24/1975 buscam, por intermédio da legalidade, assegurar a previsibilidade nas relações entre os entes federativos. As consequências estabelecidas para quem não respeita essas regras são um elemento que busca garantir a certeza de sua aplicação.

Não é por outra razão que o Supremo Tribunal Federal, quando instado a julgar a constitucionalidade de programas de incentivo fiscal concedidos por Estados-membros à revelia da regra que estabelece a necessidade de autorização prévia por meio de convênio, é enfático ao apontar sua inconstitucionalidade, não admitindo sequer a modulação de efeitos da decisão.[222]

A análise do regime de legalidade que condiciona a concessão de incentivos fiscais de ICMS pelos Estados é um vértice fundamental

---

[220] Paulo de Barros Carvalho critica veemente legislações estaduais que visam impedir o creditamento de adquirentes de mercadoria objeto de incentivos concedidos no contexto da Guerra Fiscal. Para o autor: "Como é sabido, o ICMS tem incidência não-cumulativa, compensando-se o que for devido a título do imposto em cada operação relativa à circulação de mercadorias com o montante cobrado nas operações anteriores pelo mesmo ou por outro ente da Federação. Para fins de legitimação do crédito apropriado pelo destinatário, é irrelevante se o estabelecimento remetente efetivamente recolheu, na integralidade, o valor destacado na nota fiscal de saída. Por conseguinte, se o remetente da mercadoria aproveita algum benefício fiscal e, por esse motivo, recolhe apenas parte do valor destacado na nota correspondente, isso não influencia a apropriação do crédito pelo destinatário." (CARVALHO, Paulo de Barros. A concessão de isenções ou benefícios fiscais no âmbito do ICMS. *In*: MARTINS, Ives Gandra da Silva; CARVALHO, Paulo de Barros. *Guerra Fiscal*: reflexões sobre a concessão de benefícios no âmbito do ICMS. São Paulo: Noeses, 2012, p. 23-94, p. 90).

[221] HORVATH, Estevão. Não cumulatividade e o estorno dos créditos nas hipóteses de incentivos fiscais concedidos sem convênio. *Revista de Direito Tributário*. São Paulo, n. 123, p. 38-42, 2015, p. 41

[222] Por todos, ver: "EMENTA: EMBARGOS DE DECLAÇÃO EM ADI. OMISSÃO. PEDIDO DE MODULAÇÃO TEMPORAL DOS EFEITOS DA DECISÃO. DECLARAÇÃO DE INCONSTITUCIONALIDADE DE LEI QUE CONFERIU BENEFÍCIOS EM MATÉRIA DE ICMS SEM QUE HAJA CONVÊNIO DO CONFAZ. EMBARGOS CONHECIDOS PARA NEGAR-LHES PROVIMENTO. 1. Não comprovadas razões concretas de segurança jurídica ou de excepcional interesse social, requisitos estipulados pelo art. 27 da Lei nº 9.868/99, descabe a modulação dos efeitos da decisão. 2. A jurisprudência desta Suprema Corte não tem admitido a modulação dos efeitos da declaração de inconstitucionalidade em casos de leis estaduais que instituem benefícios sem o prévio convênio exigido pelo art. 155, parágrafo 2º, inciso XII, da Constituição Federal – Precedentes. 3. A modulação dos efeitos temporais da declaração de inconstitucionalidade no presente caso consistiria, em essência, incentivo à Guerra Fiscal, mostrando-se, assim, indevida. 4. Embargos de declaração conhecidos para negar-lhes provimento". (BRASIL. Supremo Tribunal Federal. *Embargos de Declaração em Ação Direta de Inconstitucionalidade nº 3.794*. Rel. Min. Roberto Barroso, Pleno, j. 18 dez. 2014, DJe-036 25 fev. 2015).

do modelo constitucional de segurança jurídica nas relações entre os entes federados.

Por meio dos requisitos estabelecidos pela Constituição e pela LC nº 24/1975, o ordenamento busca assegurar previsibilidade, ao sancionar com nulidade a sua inobservância. O reconhecimento da nulidade dos programas desviantes é tema desde há muito presente na jurisprudência do STF e a aplicação desta regra sancionatória garante, para além da eficácia dos requisitos, a manutenção da certeza do Direito e, com isso, realiza o princípio da segurança jurídica.

No caso dos programas de incentivo fiscal criados sem prévia aprovação do Confaz, se está diante de uma inconstitucionalidade que contribui para desequilibrar as relações no federalismo brasileiro.

Diferentemente dos outros casos de "cortesia com chapéu alheio" julgados pelo STF até este momento, na Guerra Fiscal a perda de arrecadação deriva de uma postura ilegal na concessão dos incentivos.

Cabe lembrar que no RE nº 572.762/SC (Tese 42) e na ACO nº 758/SE a discussão tinha como centro as normas financeiras que regulavam o cálculo da parcela da arrecadação partilhada. A ilegalidade reconhecida nesses casos estava centrada na incompatibilidade da regra do programa que afastava recursos efetivamente arrecadados em decorrência da incidência da norma tributária da partilha constitucionalmente estabelecida. Ou seja, os prejuízos não derivavam da ilegalidade ou inconstitucionalidade de uma norma tributária, mas de uma norma financeira que estipulava exclusões no cálculo da receita compartida.

Já no RE nº 705.423/SE (Tese 653), o centro da discussão era o dever de indenizar decorrente da concessão de incentivos licitamente instituídos. Neste caso, STF considerou que, como o exercício da competência tributária negativa foi lícito, não caberia falar em indenizar o impacto correspondente a uma parcela dos recursos que jamais entrou nos cofres da União.

A ementa do RE nº 705.423/SE (Tese 653) traz uma redação muito adequada para explicar a situação: apenas a *concessão regular de incentivos*" obriga os destinatários de parcela das rendas partilhadas a suportarem o ônus da redução na sua parcela de arrecadação. Por "regular" entendam-se incentivos concedidos a partir das balizas estabelecidas pela Constituição e pelas Normas Gerais de Direito Tributário.

A contrario sensu, a concessão *irregular* de incentivos – como no caso dos incentivos atribuídos à revelia do Confaz no contexto da

Guerra Fiscal do ICMS – segue ensejando reparação aos Municípios pela atuação inconstitucional dos Estados.

Os efeitos da inconstitucionalidade, no caso em questão, não estão restritos à relação entre Estados e Distrito Federal, mas atingem diretamente os Municípios que são privados – de maneira inconstitucional – de uma parte importante dos recursos necessários ao desenvolvimento de seus misteres constitucionais.

No centro da discussão da "cortesia com chapéu alheio" nos incentivos unilaterais concedidos no contexto da Guerra Fiscal está a ilegalidade da norma tributária exonerativa, que impediu o acesso de Municípios a receitas que não poderiam ser renunciadas. Diante desta quebra da legalidade, que leva com ela a quebra da segurança jurídica nas relações federativas, cabe aos Municípios buscarem a tutela pelos prejuízos sofridos.

Para mais de promover a previsibilidade e a certeza do Direito, a manutenção desse regime jurídico rígido para a concessão de incentivos fiscais de ICMS também contribui para a criação de um estado de confiança legítima, cuja proteção constitucional, como se verá a seguir, também está relacionada ao tema da "cortesia com chapéu alheio".

3.4 LC nº 160/2017: O reconhecimento legislativo da ilegalidade dos incentivos unilaterais

A Lei Complementar nº 160/2017 surgiu com a importante função de estabilizar as expectativas dos particulares que, em um contexto instalado de Guerra Fiscal do ICMS, realizaram investimentos confiando na legalidade de incentivos oferecidos pelos Estados, maculados de inconstitucionalidade.

Como esclarecem Mary Elbe Queiroz e Antônio Elmo Queiroz, antes da edição da LC nº 160/2017, quando começaram a ser declarados inconstitucionais os incentivos da Guerra Fiscal pelo STF, os particulares que gozaram desses benefícios se viram em uma situação de completa insegurança:

> Sendo assim, mantido o posicionamento atual do STF, se alguma empresa usufruiu, sob qualquer forma, de um benefício fiscal de ICMS, quando houver a declaração de inconstitucionalidade dessa norma de benefício fiscal, a empresa fica na situação jurídica de não mais poder alegar ter tributado ou recolhido menos ICMS por autorização legal. Ou seja, para

todos os efeitos, apesar de ter cumprido a lei, restará que a empresa tributou ou recolheu ICMS de forma indevida ou ilegal, ficando sujeita a ser autuada para haver o lançamento tributário quantificando qual o seu débito para com o fisco, como se nunca tivesse existindo a norma do benefício fiscal. O único limite para cobrar pelos fatos do passado é temporal, e reside na regra de decadência, pois só podem ser exigidos quanto aos fatos geradores dos últimos cinco anos.[223]

Em última análise, a LC nº 160/2017 constitui um veículo de indução de segurança jurídica na relação entre Estados e contribuinte,[224] com a finalidade de garantir as expectativas dos particulares, que agiram depositando confiança na boa-fé objetiva da atuação dos Estados-membros quando criaram os programas de incentivo fiscal.

O mecanismo de estabilização das relações pretéritas foi a autorização de remissão dos débitos com os quais os contribuintes beneficiários teriam que arcar em decorrência da inconstitucionalidade dos benefícios. Tal instrumento pressupõe, de saída, que a tributação era devida sobre os fatos ilicitamente exonerados.

Conferir o poder para um convênio autorizar a "remissão dos créditos tributários, constituídos ou não, decorrentes das isenções, dos incentivos e dos benefícios fiscais ou financeiro-fiscais instituídos em desacordo com o disposto na alínea "g" do inciso XII do §2º do art. 155 da Constituição Federal" (art. 1º), como faz a LC nº 160/2017, é reconhecer que, em razão da inconstitucionalidade dos programas de incentivo, havia dever dos Estados-membros de tributarem pelo ICMS determinadas manifestações de riqueza econômica.

A contrario sensu, o não-tributar tais parcelas não é consentâneo com o ordenamento. A inconstitucionalidade dos incentivos é pressuposta pela LC nº 160/2017, que, tomando-a como premissa, busca

---

[223] QUEIROZ, Mary Elbe; QUEIROZ, Antônio Elmo. Guerra Fiscal e segurança jurídica. *In*: MOREIRA, André Mendes; DERZI, Misabel; BATISTA JÚNIOR, Onofre Alves (org.). *Estado federal e Guerra Fiscal no Brasil*. Belo Horizonte: Arraes Editores, 2015, v. 3, p. 59-75, p. 65.

[224] Nesse sentido, cabe ressaltar que "Os valores de liberdade, igualdade, dignidade da pessoa humana e devido processo legal são instrumentalizados pela segurança jurídica, pois o contribuinte necessita de conhecimento das regras de tributação, prevendo o que irá acontecer, de forma estável, que permitirá liberdade em seu planejamento de atos futuros, assegurando-lhe a autonomia e respeito que lhe é essencial" (HORVATH, Estevão; ALMEIDA, Marcelo Signorini Prado de. Competência constitucional para atribuição da responsabilidade tributária. *In*: ABREU, Anselmo Zilet; DANIEL NETO, Carlos Augusto; COSTA, Márcio Cesar (org.). *Direito constitucional tributário e tributação municipal*: estudos em homenagem à Professora Elizabeth Nazar Carrazza. São Paulo: Quartier Latin, 2021, p. 133-154, p. 144).

assegurar aos particulares que realizaram investimentos e se instalaram em determinado Estados-membros que não sejam tributados retroativamente.

Embora a referida lei complementar pressuponha a inconstitucionalidade dos incentivos, ela reconhece que não cabia aos particulares a função de fiscalizar o processo de concessão e, eventualmente, reconhecer sua ilegalidade. Ela outorga, por via legislativa, a proteção da confiança legítima dos administrados, pois os coloca a salvo da possibilidade de serem tributados, tanto pelos Estados onde estão estabelecidos quanto por outros, por meio da glosa de créditos (art. 5º da LC nº 160/2017).[225]

Porém, embora tenha a importante função de garantir a segurança jurídica (previsibilidade) nas relações entre administrações tributárias estaduais e particulares, a LC nº 160/2017 em nada exonera a responsabilidade dos Estados pelos danos causados aos Municípios, que tiveram sua receita indevidamente reduzida em razão dos incentivos inconstitucionais de ICMS.

Se há alguma função da LC nº 160/2017 no conflito da "cortesia com chapéu alheio" entre Estados e Municípios, esta é a de ratificar que os incentivos fiscais concedidos no contexto da "Guerra Fiscal" eram inconstitucionais. Ora, se há inconstitucionalidade, cabe ao Poder Judiciário conceder a tutela para recompor os prejuízos, no caso identificados com o montante de receita indevidamente reduzido.

A forma de restauração da segurança jurídica na relação entre Estados-membros e particulares escolhida pela LC nº 160/2017 – a remissão dos créditos – indica que era devida a tributação sobre aquelas manifestações de riqueza. Como os incentivos eram indevidos, as riquezas eram tributáveis e, por via de consequência, os Municípios poderiam contar com a parcela da receita advinda da tributação daquelas

---

[225] Como apontam Daniel Vieira Marins e Gustavo da Gama Vital de Oliveira: "O art. 5º da LC 160/07 reconheceu que a remissão ou a não constituição de créditos concedidas por lei da unidade federada de origem da mercadoria, do bem ou do serviço afastam as sanções previstas no art. 8º da Lei Complementar nº 24, de 7 de janeiro de 1975, retroativamente à data original de concessão da isenção, do incentivo ou do benefício fiscal ou financeiro-fiscal. O objetivo da regra é conferir maior segurança ao contribuinte beneficiado pelo incentivo na origem da mercadoria, de forma a impedir a desconsideração, pelo Estado de destino, do benefício, bem como impedir que o Estado de origem se veja na obrigação de exigir os tributos não cobrados, com os acréscimos pertinentes, na hipótese de declaração de inconstitucionalidade de sua lei local." (MARINS, Daniel Vieira; OLIVEIRA, Gustavo da Gama Vital de. Competição tributária ou Guerra Fiscal? Do plano internacional à Lei Complementar nº 160/2017. *Revista Estudos Institucionais – REI*, v. 4, n. 1, p. 158-185, ago. 2018).

mercadorias e/ou serviços para, compondo com as suas demais receitas, fazer frente à sua missão constitucional.

Por esta linha de ideias, quer-se demonstrar que a estrutura da LC nº 160/2017 – que busca exonerar os particulares dos débitos tributários derivados da "Guerra Fiscal" – referenda a expectativa legítima dos Municípios sobre uma parcela da arrecadação do ICMS, cujo acesso foi frustrado pela atuação inconstitucional dos Estados que criaram esses incentivos.

É importante compreender a LC nº 160/2017 pelo que ela realmente é: uma regra de recomposição da confiança legítima entre Estados-membros, responsáveis pela edição de incentivos inconstitucionais, e particulares, que não eram responsáveis pela realização de um juízo de constitucionalidade sobre tais incentivos.

Colocar de forma clara o objetivo da LC nº 160/2017 é importante para evitar que a autorização para remissão dos créditos tributários dos particulares seja interpretada como uma exoneração de responsabilidade dos Estados-membros na recomposição dos prejuízos suportados pelos Municípios em decorrência da criação de programas de incentivo de ICMS inconstitucionais.

A quebra de confiança dos Municípios, que foram privados de parcela importante de recursos em razão de uma atuação inconstitucional dos Estados-membros, deve ser reconhecida pelo Poder Judiciário. Esta realidade ainda é mais estável em relação aos Municípios que buscaram tutela de seu direito à recomposição de seus prejuízos antes da vigência da LC nº 160/2017.

Para os casos em que havia ação em andamento – movida por Municípios que buscavam a reparação dos danos à sua participação no ICMS provocados por atuação inconstitucional do Estado –, aplicar retroativamente a LC nº 160/2017 para exonerar a responsabilidade dos Estados representaria uma nova agressão à sua "confiança legítima".

Disso decorre que defender a irretroatividade desse entendimento controverso da LC nº 160/2017 (como uma espécie de "perdão" das dívidas dos Estados para com os Municípios prejudicados por sua atuação inconstitucional) para ações em andamento é absolutamente condizente com a tese fixada pelo Tema 4 (RE nº 566.521/RS) de repercussão geral do STF. A razão de decidir deste julgado da Corte Constitucional assegura que novos entendimentos fixados por alterações legislativas (ainda que tenham o caráter de "leis interpretativas") não podem ser aplicados retroativamente para atingir pretensões em andamento.[226] Assim, ainda que triunfe o absurdo e estapafúrdio entendimento de que a LC n⁰ 160/2017 tem o condão de exonerar os Estados-membros da responsabilidade de recompor as perdas arrecadatórias dos Municípios em razão da Guerra Fiscal de ICMS, impende ressaltar que este novo posicionamento não pode ser aplicado retroativamente para atingir as ações que estavam em andamento antes de sua vigência.

A tutela da confiança legítima dos Municípios, prejudicados pela atuação inconstitucional dos Estados no contexto da chamada "Guerra Fiscal" do ICMS, assegura:

---

[226] "DIREITO TRIBUTÁRIO – LEI INTERPRETATIVA – APLICAÇÃO RETROATIVA DA LEI COMPLEMENTAR Nº 118/2005 – DESCABIMENTO – VIOLAÇÃO À SEGURANÇA JURÍDICA – NECESSIDADE DE OBSERVÂNCIA DA *VACACIO LEGIS* – APLICAÇÃO DO PRAZO REDUZIDO PARA REPETIÇÃO OU COMPENSAÇÃO DE INDÉBITOS AOS PROCESSOS AJUIZADOS A PARTIR DE 9 DE JUNHO DE 2005. Quando do advento da LC 118/05, estava consolidada a orientação da Primeira Seção do STJ no sentido de que, para os tributos sujeitos a lançamento por homologação, o prazo para repetição ou compensação de indébito era de 10 anos contados do seu fato gerador, tendo em conta a aplicação combinada dos arts. 150, §4º, 156, VII, e 168, I, do CTN. A LC 118/05, embora tenha se auto-proclamado [sic] interpretativa, implicou inovação normativa, tendo reduzido o prazo de 10 anos contados do fato gerador para 5 anos contados do pagamento indevido. Lei supostamente interpretativa que, em verdade, inova no mundo jurídico deve ser considerada como lei nova. Inocorrência de violação à autonomia e independência dos Poderes, porquanto a lei expressamente interpretativa também se submete, como qualquer outra, ao controle judicial quanto à sua natureza, validade e aplicação. A aplicação retroativa de novo e reduzido prazo para a repetição ou compensação de indébito tributário estipulado por lei nova, fulminando, de imediato, pretensões deduzidas tempestivamente à luz do prazo então aplicável, bem como a aplicação imediata às pretensões pendentes de ajuizamento quando da publicação da lei, sem resguardo de nenhuma regra de transição, implicam ofensa ao princípio da segurança jurídica em seus conteúdos de proteção da confiança e de garantia do acesso à Justiça. Afastando-se as aplicações inconstitucionais e resguardando-se, no mais, a eficácia da norma, permite-se a aplicação do prazo reduzido relativamente às ações ajuizadas após a *vacatio legis*, conforme entendimento consolidado por esta Corte no enunciado 445 da Súmula do Tribunal. O prazo de *vacatio legis* de 120 dias permitiu aos contribuintes não apenas que tomassem ciência do novo prazo, mas também que ajuizassem as ações necessárias à tutela dos seus direitos. Inaplicabilidade do art. 2.028 do Código Civil, pois, não havendo lacuna na LC 118/08, que pretendeu a aplicação do novo prazo na maior extensão possível, descabida sua aplicação por analogia. Além disso, não se trata de lei geral, tampouco impede iniciativa legislativa em contrário. Reconhecida a inconstitucionalidade art. 4º, segunda parte, da LC 118/05, considerando-se válida a aplicação do novo prazo de 5 anos tão-somente às ações ajuizadas após o decurso da *vacatio legis* de 120 dias, ou seja, a partir de 9 de junho de 2005. Aplicação do art. 543-B, §3º, do CPC aos recursos sobrestados. Recurso extraordinário desprovido." (BRASIL. Supremo Tribunal Federal. *Recurso Extraordinário nº 566.621*. Rel. Ellen Gracie, Pleno, j. 04 ago. 2011, DJe-195 11 out. 2011).

- o direito à recomposição da parcela do ICMS reduzida pelos incentivos "viciados", expectativa legítima criada pelo sistema constitucional de repartição de rendas; e
- a proteção das pretensões em andamento que buscam esta reparação contra a aplicação retroativa de uma suposta exoneração de responsabilidade inserida no ordenamento pela LC nº 160/2017.

Em sua real feição, a LC nº 160/2017 busca garantir a segurança jurídica e a proteção da confiança na relação entre Estados-membros, que concederam incentivos fiscais inconstitucionais, e contribuintes, que usufruíram destes benefícios.

Ao promover a remissão dos débitos tributários que deveriam ser constituídos pelos Estados-membros em decorrência dos programas de incentivos instituídos durante a Guerra Fiscal, a LC nº 160/2017 reconhece que as regras exonerativas eram inconstitucionais, de modo que deveria ter acontecido a incidência da regra de tributação do ICMS sobre as manifestações de riqueza ocorridas no período.

Nessa linha, a não arrecadação de receitas de ICMS decorrentes da Guerra Fiscal configura ato ilícito praticado pelos Estados-membros, do qual resultaram prejuízos aos Municípios, privados de parcela de uma importante fonte de rendas que lhes foi constitucionalmente outorgada.

Por fim, se por um lado a LC nº 160/2017 representa uma tentativa de recompor a confiança dos contribuintes, afetados pela postura dos Estados-membros na Guerra Fiscal, ela evidencia a situação de quebra de confiança em relação aos Municípios, grandes prejudicados com o fenômeno, reiterado, dos incentivos inconstitucionais.

3.5 Conclusão parcial

A Guerra Fiscal representa um tipo de desequilíbrio federativo que rompe com a necessária segurança jurídica que deve presidir as relações entre entes federados no Brasil. A concessão de incentivos fiscais irregulares, com objetivo de atrair investimentos, ainda que possa buscar um objetivo louvável, representa o rompimento do desejado equilíbrio nas relações entre Estados e Distrito Federal.

Para além de um conflito entre Estados-membros e Distrito Federal, estes incentivos resultam na frustração das expectativas dos Municípios, destinatários de parcela das receitas tributárias do ICMS. A Guerra Fiscal é, em último grau, um atentado à proteção da confiança legítima garantida pela Constituição Federal nas relações interfederativas.

A Guerra Fiscal do ICMS, na sua principal forma atual, se manifesta mediante a concessão dos chamados "incentivos unilaterais", outorgados à revelia da aprovação do Confaz. Embora o STF já tenha se manifestado diversas vezes pela inconstitucionalidade desses incentivos, em breve caberá à Corte dizer acerca do dever de reparar o dano provocado aos Municípios que se viram privados de uma parcela das receitas, que deixaram de ser arrecadadas devido a uma postura inconstitucional.

A titularidade das receitas partilhadas é condicionada à efetiva cobrança do tributo pela pessoa jurídica de Direito Público interno competente, mas isso pressupõe, como parece elementar, que a pessoa política titular da competência tributária o faça em consonância com os requisitos constitucionais para tanto. Significa tal ideia que a instituição do tributo respectivo siga os preceitos constitucionais (ou, eventualmente, de lei complementar também), tanto no que concerne ao que ela inclui na sua regra-matriz de incidência quanto ao que ela eventualmente deixe de fora.

Em adição ao que se acaba de dizer, o exercício da competência para instituição de tributos está subordinado, para além dos parâmetros comuns a todos os tributos, a uma exigência específica trazida pelo próprio texto constitucional, qual seja, a de que, no âmbito desse imposto, a concessão (ou revogação) de isenções, incentivos e benefícios fiscais deverá ser precedida de convênio a ser celebrado nos termos da LC nº 24/1975.

Com efeito, dispõe a Constituição que lei complementar "regulará a forma como, mediante deliberação dos Estados e do Distrito Federal, isenções, incentivos e benefícios fiscais serão concedidos e revogados" (art. 155, §2º, XII, "g"). A lei complementar aí mencionada é a de número 24, de 1975, a qual preceitua que os benefícios a serem concedidos com referência ao ICMS dependem da concordância da unanimidade dos Estados-membros representados em reunião para esse fim designada (art. 2º, §2º, da Lei Complementar nº 24/1975).

Como se sabe, diversos Estados da Federação ignoraram tal preceito da Lei Complementar em tela e criaram diversos programas de incentivo fiscal sem obediência ao mandamento acima, o que os torna inconstitucionais, como de fato foram considerados pelo Supremo Tribunal Federal (e, de resto, não poderiam deixar de sê-lo).

Quer-se dizer que, atuando em desrespeito aos ditames, tanto da Constituição da República quanto da Lei Complementar referida, determinados Estados-membros da Federação criaram leis de ICMS inconstitucionais, ou seja, inválidas no mundo jurídico. Daí poder-se afirmar que a competência tributária desses Estados foi utilizada indevidamente ou, em termos mais precisos, *eram incompetentes*, neste aspecto, para tratarem do ICMS dessa forma.

Ao assumir essa postura, os Estados-membros cobraram somente parte do imposto que deveria ser cobrado não fossem os benefícios concedidos – nunca é demais repetir, *indevidamente* –, consistindo tal agir em renúncia de receitas inconstitucional, que impacta profundamente no repasse da parcela de ICMS que cabe aos Municípios, fonte de recursos vital para a maioria deles. Trata-se, pois, de uma modalidade de *renúncia heterônoma indireta* que, em razão da inconstitucionalidade da norma tributária de origem, não deve ser arcada pelos entes destinatários, no caso, os Municípios.

Se tal situação pode ser aceita, segundo posicionamento do Supremo Tribunal Federal, esposado no RE nº 705.423/SE (Tese 653), quando o ente "repassador", competente para tributar o faz seguindo os postulados constitucionais, outro tanto não se pode dizer na hipótese de essa competência ser exercida em contrário aos ditames da Lei das Leis – caso em que, em rigor, o ente tributante é, pelo menos parcialmente, *incompetente*.

Nestes termos, parece coerente interpretar que a Tese 653 reconhece o direito dos Municípios à recomposição dos prejuízos derivados das renúncias de receitas originadas da outorga de benefícios fiscais de ICMS inconstitucionais.

Esta conclusão não se altera diante da Lei Complementar nº 160/2017, que veio ao mundo jurídico com o intuito de amenizar os efeitos da Guerra Fiscal. Porém, cabe destacar que a composição proposta por este instrumento normativo tem como foco reconstituir a estabilidade das relações entre Estados e contribuintes, que, acreditando na legitimidade dos incentivos, promoveram investimentos e precisam de segurança jurídica para que possam conduzir suas atividades econômicas.

Resumidamente, pode-se afirmar que busca resolver uma situação que se prolongava por décadas, relativa à Guerra Fiscal. No âmbito dos Estados-membros esta expressão significa, em última análise, a briga entre entes que concederam benefícios fiscais de ICMS de forma inconstitucional (sem respeitar o disposto no art. 155, §2º, XII, "g", da CRFB, que remete à Lei Complementar nº 24/1975) e outros que não o fizeram (que, dito de passagem, não são muitos).

O Supremo Tribunal Federal já havia decidido, em alguns casos esparsos, pela inconstitucionalidade de atos normativos que assim dispunham, chegando, posteriormente, a julgar quase duas dezenas de legislações estaduais de uma só vez, da mesma forma (como não poderia deixar de ser), pela inconstitucionalidade delas. Em rigor, tais julgamentos não devem causar estranheza e muito menos surpresa, porquanto o que a Suprema Corte fez foi simplesmente declarar aquilo que a Constituição da República diz desde sempre: a concessão de "benefícios" de ICMS por parte de um Estado-membro somente pode ocorrer mediante consenso dos demais Estados, na conformidade do que disciplina a Lei Complementar nº 24/1975. É dizer: a última instância do Poder Judiciário do país repetiu, singelamente, com outras palavras, aquilo que a Constituição expressamente já determina desde 1988.

O STF chegou até mesmo a se propor a edição de uma súmula vinculante cuidando da matéria. Isso parece confirmar o relatado acima: a súmula vinculante serviria para *repetir* aquilo que já está na Constituição, e que todos já sabiam. Talvez a ideia fosse a de tornar *vinculante* expressamente aquilo que já está explícito no texto constitucional (como se isso fosse necessário).

O fato é que o que subjaz à questão tem fortes implicações políticas, econômicas e financeiras. Em sendo assim, o aspecto jurídico foi deixado em segundo plano, segundo o que parece.

Como, em algum momento, a situação de absoluta insegurança jurídica em que foram colocados os contribuintes teria de ser resolvida, pensou-se na edição de uma lei complementar, que terminou por ser aquela de nº 160/2017.

Deveras, para além da questão emergente diretamente da declaração de inconstitucionalidade dos atos normativos mencionados, relativa a como tratar, por exemplo, a situação dos contribuintes que se valeram de créditos advindos de leis estaduais que assim determinavam (não custa reiterar, *indevidamente*) e os tiveram glosados pelos Estados prejudicados, remanesce, de forma não menos importante, o tema concernente à repercussão dos benefícios irregularmente concedidos nos repasses de recursos que os Municípios deveriam receber.

Para paliar o grave problema surgido é que se previu nessa lei a remissão. Ela, portanto, diz respeito aos créditos conferidos aos

CAPÍTULO 3
SEGURANÇA JURÍDICA, GUERRA FISCAL E A LC 160/2017 | 101

contribuintes de ICMS que se valeram dos benefícios concedidos pelas normas estaduais correspondentes (embora inconstitucionais), em princípio, de boa-fé. Dessa sorte, não poderiam sofrer as consequências decorrentes daquelas normas, como a glosa dos créditos recebidos em virtude de legislação que se presumia constitucional.

Diante dessa circunstância, não é difícil de se concluir que a remissão em tela nada tem a ver – e, consequentemente, não impacta – com a relação entre Estados e Municípios, até porque a relação jurídica constituída na hipótese alusiva à remissão é entre o Estado-membro que glosou os créditos (indevidos) outorgados por outro Estado e o contribuinte prejudicado por essa supressão.

A circunstância de esta lei trazer uma saída a tão sensível situação dos contribuintes, consistente em possibilitar que os Estados concedessem remissão a créditos de ICMS outorgados indevidamente, bem como, mediante convênio celebrado no âmbito do Confaz, concertassem uma solução com vistas ao reconhecimento recíproco de benefícios fiscais anteriormente (indevidamente) concedidos (desde que tenham sido publicados até 8 agosto de 2017) não significa que outros princípios gerais não devam ser obedecidos.

Quer-se com isso exprimir que um novo posicionamento – no caso, por parte dos Estados-membros –, ainda que advindo de lei, não pode ter o condão de atingir situações prévias à edição deste ato normativo de forma a prejudicar a situação em que se encontravam os Municípios antes da sua edição.

Pressupondo-se, como se faz na questão aqui analisada, que, em decorrência da outorga indevida de benefícios fiscais de ICMS por parte dos Estados-membros, os Municípios deixaram de receber repasse dos recursos resultantes desse tributo, a Lei Complementar nº 160/2017, ao trazer remédio aos Estados e aos contribuintes, não tem – e nem poderia ter – a virtude de atingir a situação em que se encontravam esses Municípios previamente à sua promulgação. Em outras palavras, se estes últimos entes federativos já eram titulares do direito de obter as transferências de ICMS constitucionalmente previstas antes da edição da LC nº 160/2017, não poderia esta retroagir para afetar tal direito.

Trata-se de simples aplicação do princípio da irretroatividade das leis, corolário do sobreprincípio da segurança jurídica. A sua enunciação mais singela pode ser assim resumida: a lei nova somente pode colher fatos ou situações que aconteçam no "mundo fenomênico" após a sua publicação. Na hipótese vertente, a LC nº 160/2017 pode ser aplicada aos Estados e aos contribuintes – na forma por ela engendrada – sem que isso tenha nenhuma relação com o que ocorreu com os Municípios. Se o texto referido proveu de instrumentos tanto os Estados-membros quanto os contribuintes, beneficiários ou prejudicados pela Guerra Fiscal, não se referiu ao que sucederia com relação ao pleito dos Municípios. Assim, a posição dos Municípios segue exatamente igual ao que era antes da LC nº 160/2017. A contingência de esta lei vir a remediar uma situação tal qual aquela já aqui exposta não tem o condão de afastar a inconstitucionalidade dos benefícios concedidos pelos Estados. A inconstitucionalidade reporta-se sempre ao momento de edição dos atos normativos. Se eles são inconstitucionais, o foram e o serão sempre, ainda que legislação posterior preveja caminhos para contornar os efeitos produzidos no mundo real por essa inconstitucionalidade. No âmbito de competência do Poder Judiciário, em geral, a forma de fazer esse contorno se dá mediante a "modulação de efeitos". Nas duas hipóteses, o que tem que se deixar claro é que o ato não deixou de ser inconstitucional; simplesmente se dispôs – o Legislativo ou o Judiciário – quanto aos seus efeitos.

E os efeitos da legislação inconstitucional dos Estados continuam a propagar-se (prejudicialmente, diga-se) no tocante aos Municípios, ao perderem estas receitas que, de outro modo, não teriam perdido.

À época em que houve essa perda de receita, a legislação estadual já era inconstitucional, e não deixou de sê-lo por haver sido, de certa forma "convalidada" pela LC nº 160/2017. O decréscimo de recursos a que os Municípios teriam direito a receber continua, até os dias de hoje, a ser decorrência daquela legislação inconstitucional, efeito este que não foi apagado, simplesmente, com a superveniência da lei complementar em foco. O que essa fez foi dispor sobre os efeitos produzidos pela legislação inconstitucional então existente.

Assim, em nenhum caso, uma lei pode retroagir a situações já sedimentadas no passado, antes da sua edição. E a situação consolidada no caso da "cortesia com chapéu alheio" é o não recebimento, pelos Municípios, de recursos que lhes seriam destinados caso a legislação estadual deles não tivesse aberto mão inconstitucionalmente.

Em consequência, entre os efeitos decorrentes de legislação estadual inconstitucional de que a LC nº 160/2017 poderia tratar, definitivamente não está aquele de fazer desaparecer o evidente prejuízo que os Municípios sofreram com os benefícios concedidos irregularmente.

CONCLUSÃO

A federação brasileira é uma obra em construção. O processo de descentralização política iniciado com a primeira constituição republicana vem sendo aperfeiçoado em movimentos que alternam a concentração de poderes na União Federal e a descentralização de competências legislativas em favor de uma maior autonomia de Estados, Distrito Federal e Municípios.

O fenômeno da "cortesia com chapéu alheio" é um tipo específico de conflito federativo, no qual uma parte dos impactos orçamentários derivados de programas de incentivos tributários é suportada por um ente diverso daquele que os instituiu valendo-se de sua competência tributária. Esta situação representa uma espécie de *renúncia heterônoma indireta*, na qual um ente cria incentivos fiscais e, com isso, abre mão de uma parte da sua arrecadação e, por via de consequência, também da parcela que foi constitucionalmente destinada a outro ente.

Refletir sobre o tema é, pois, um exercício de compreensão sobre os limites da autonomia política de que gozam os entes para criar programas de incentivos tributários, com base em sua competência constitucional, em face da autonomia financeira dos destinatários que compartilham com ele de parte do produto da arrecadação.

No processo de conformação dos campos de competência, o Supremo Tribunal Federal ocupa uma posição central, como árbitro de conflitos em prol da concretização do projeto de federação idealizado pela Constituição da República. Ao julgar importantes paradigmas que tratavam da assim denominada "cortesia com chapéu alheio", o STF exerceu esse relevante papel e, induzindo segurança jurídica no sistema, estabeleceu parâmetros para a compreensão de alguns limites que regem as relações entre os entes federativos brasileiros.

A partir do julgamento do RE nº 572.762/SC (Tese 42) e da ACO nº 758/SE foi possível compreender que não cabe aos entes titulares da competência tributária legislar – o que podem fazer, no exercício de sua autonomia política – de forma a burlar as regras que estabelecem o destino das receitas partilhadas, pois, no centro da discussão desses casos se fazia presente uma norma financeira que excluía parte do produto da arrecadação do cálculo da participação.

Esses julgados sacramentam o entendimento de que a titularidade (da partilha do produto da arrecadação) do ente destinatário nasce no momento da arrecadação das receitas em tributos compartilhados e, a partir dessa premissa, permitem que se reconheça a inconstitucionalidade a qualquer norma que afaste receitas efetivamente percebidas do cálculo da participação constitucional.

Já no caso do RE nº 705.423/SE (Tese 653), o centro da discussão estava na possibilidade de o ente titular da competência conceder incentivos em tributos com a receita partilhada. A discussão ancorava-se, portanto, nos limites da competência tributária para isentar, tendo o Supremo Tribunal Federal reafirmado a ampla liberdade do ente titular da competência para isentar (ICMS), desde que o faça dentro das balizas estabelecidas pelo ordenamento jurídico para tanto.

Esse julgado tem consequências diretas para a discussão da "cortesia com chapéu alheio", pois reconhece que o exercício da competência desonerativa em tributos partilhados não obriga o titular da competência a arcar com os impactos negativos da renúncia suportados pelo destinatário de parcela do produto da arrecadação, *apenas quando realizado dentro dos parâmetros estabelecidos pelo ordenamento jurídico*.

Compreender os parâmetros estabelecidos pelo STF no julgamento desses precedentes é importante para entender quando o exercício da competência para isentar tributos repartidos representa um abuso da autonomia política, que pode e deve ser corrigido pelo Poder Judiciário, por meio de uma pretensão indenizatória destinada a recompor a autonomia financeira dos entes irregularmente privados de recursos que lhes foram constitucionalmente outorgados.

Com base nos precedentes, caberá pretensão indenizatória sempre que uma norma promover a exclusão de recursos efetivamente arrecadados do cálculo da participação (RE nº 572.762/SC e ACO nº 758/SE) e na hipótese de o exercício negativo da competência ocorrer de maneira ilegal ou inconstitucional (RE nº 705.423/SE). Nesses casos, caberia aos entes prejudicados buscar a recomposição da receita irregularmente

CONCLUSÃO | 105

reduzida, tenha esta redução decorrido de uma norma financeira – que dispõe irregularmente sobre o cálculo das participações – ou por meio de uma norma tributária, que engendra uma renúncia inconstitucional de receitas.

O fenômeno da "cortesia com chapéu alheio" ganha particular feição na sua intersecção com outra manifestação de desequilíbrio federativo brasileiro: a Guerra Fiscal de ICMS.

O ICMS é a principal fonte de financiamento dos Estados-membros e do Distrito Federal, mas também é uma importante fonte de receitas para os Municípios brasileiros. Assim, a renúncia de um Estado-membro, realizada com vistas a fomentar determinado setor econômico, também é em parte suportada, involuntariamente, pelos seus Municípios, que seriam titulares de uma fatia dessa arrecadação.

Caso sejam concedidos dentro dos parâmetros estabelecidos pelo sistema tributário brasileiro, esses incentivos representariam uma regular manifestação da autonomia política dos Estados-membros, não havendo que se falar em pretensão reparatória dos Municípios prejudicados.

Porém, diante de incentivos concedidos ao arrepio do que determina a Constituição da República – como no caso de programas implementados sem a devida aprovação por meio de Convênios Confaz –, cabe ao Judiciário reconhecer que o prejuízo suportado pelos Municípios, que tiveram sua autonomia financeira reduzida em decorrência de uma postura deliberada e ilícita dos Estados, deve ser reparado.

A reparação dos danos, correspondente à recomposição das perdas arrecadatórias suportadas pelas municipalidades, é uma medida necessária para restabelecer o equilíbrio e as relações de confiança legítima rompidas em decorrência de uma atuação inconstitucional dos Estados-Membros.

A Guerra Fiscal do ICMS é um capítulo triste e lamentável das relações federativas brasileiras e não se vislumbra um caminho para sua extinção a curto prazo. Medidas como a LC nº 160/2017 visam recompor alguns de seus efeitos deletérios, não tendo, entretanto, o condão de afetar os impactos negativos decorrentes da "cortesia com chapéu alheio".

A LC nº 160/2017 reconhece que os incentivos concedidos no contexto da Guerra Fiscal são inconstitucionais e busca, por meio da regra que autoriza a remissão dos eventuais débitos emergentes, induzir no sistema um grau mínimo de segurança jurídica nas relações entre os

Estados-membros e Distrito Federal e contribuintes que, eventualmente, gozaram dos benefícios de boa-fé.

Contudo, a LC nº 160/2017 *não traz uma solução para os prejuízos imputados pelos Estados-membros aos seus Municípios*, que se viram privados de uma importante fonte de receitas em razão do exercício inconstitucional da capacidade de isentar algumas atividades da incidência do ICMS.

Na federação brasileira, a União, os Estados-membros, o Distrito Federal e os Municípios foram encarregados de atender a um conjunto amplo de necessidades meritórias e a participação na arrecadação de tributos geridos por outras unidades federativas foi uma forma de garantir um fluxo de recursos para tanto.

A concessão de incentivos inconstitucionais no contexto da Guerra Fiscal de ICMS representa um atentado à distribuição de receitas efetuada pela Lei Maior, que constitui um mecanismo que garante, em parte, a autonomia financeira dos Municípios brasileiros. Reconhecer o dever dos Estados-membros de indenizarem as municipalidades é uma forma de recompor o equilíbrio federativo constitucionalmente imposto, garantindo a igualdade entre os entes que formam nossa federação.

REFERÊNCIAS

ABRAHAM, Marcus. *Curso de direito financeiro brasileiro*. 4. ed. Rio de Janeiro: Forense, 2017.

AFONSO, José Roberto Rodrigues. *Keynes, crise e política fiscal*. São Paulo: Saraiva, 2012.

AFONSO, José Roberto Rodrigues; FUCK, Luciano Felício; CORREIA NETO, Celso de Barros; SZELBRACIKOWSKI, Daniel Corrêa. Guerra Fiscal de ICMS: organizar o desembarque. *Revista de Direito Internacional, Econômico e Tributário*. Brasília, v. 12, n. 1, p. 416-442, jan./jun. 2017.

AGUIAR, Andrei. *Formação da matriz tributária e desenvolvimento econômico no Brasil*. 182 f. Dissertação (Mestrado em Direito) – Faculdade de Direito, Universidade de São Paulo, 2020.

ALMEIDA, Fernando Dias Menezes de. Responsabilidade por atos materialmente legislativos e jurisdicionais. *In*: CARVALHO FILHO, José dos Santos; ALMEIDA, Fernando Dias Menezes de. *Controle da administração pública e responsabilidade do Estado*. São Paulo: RT, 2014, p. 429-441. [DI PIETRO, Maria Sylvia Zanella (coord.). *Tratado de Direito Administrativo*, v. 7].

ANDERSON, George. *Fiscal Federalism*: a comparative introduction. Oxford: Oxford University Press, 2009.

ARENHART, Fernando Santos. Imunidade recíproca e federalismo: da construção norte-americana à atual posição do STF. *Revista Brasileira de Políticas Públicas*. Brasília, v. 3, n. 2, p. 13-32, 2013.

ARGENTINA. Corte Suprema de Justicia de La Nación. *Fallos de la Corte Suprema de Justicia de la Nación*, t. 301. Buenos Aires: Tall. Gráf. Mundial, 1979.

ASSUNÇÃO, Matheus Carneiro. Incentivos fiscais em tempos de crise: impactos econômicos e financeiros. *Revista da PGFN*, v. 1, n. 1, p. 99-121, 2011.

ATALIBA, Geraldo. *Sistema constitucional tributário brasileiro*. São Paulo: RT, 1968.

ATALIBA, Geraldo. Taxa de estacionamento em via pública. *Revista de Direito Administrativo*. Rio de Janeiro, v. 157, p. 357-362, jul./set. 1984.

ATALIBA, Geraldo. *República e constituição*. 3. ed. São Paulo: Malheiros, 2011.

ÁVILA, Humberto. A Guerra Fiscal do ICMS e a Resolução nº 13/2012 do Senado Federal. *In*: DERZI, Misabel Abreu Machado; BATISTA JUNIOR, Onofre; MOREIRA, André Mendes. *Estado federal e Guerra Fiscal no Brasil*. Belo Horizonte: Arraes, 2015, v. 3, p. 35-58.

ÁVILA, Humberto. *Teoria da segurança jurídica*. 3. ed. São Paulo: Malheiros, 2015.

BACELLAR FILHO, Romeu Felipe. Responsabilidade civil da Administração Pública: aspectos relevantes: a Constituição Federal de 1988: a questão da omissão: uma visão a partir da doutrina e da jurisprudência brasileiras. *In*: FREITAS, Juarez de (org.). *Responsabilidade civil do Estado*. São Paulo: Malheiros, 2006, p. 293-336.

BALEEIRO, Aliomar. *Uma introdução à ciência das finanças.* 15. ed. Rio de Janeiro: Forense, 1998.

BANDEIRA DE MELLO, Celso Antonio. *Prestação de serviços públicos e administração indireta.* 2. ed. São Paulo: RT, 1983.

BARBOSA, Rui. Discurso "Organização das finanças republicanas". *In:* SANTI, Eurico Marcos Diniz de. *Curso de direito tributário e de finanças públicas.* São Paulo: Saraiva, 2008, p. 158-172.

BATISTA JUNIOR, Onofre; MARINHO, Marina Soares. As esperanças de reequilíbrio federativo trazidas pela ADO 25. *In:* BATISTA JUNIOR, Onofre. *O federalismo na visão dos Estados.* Belo Horizonte: Letramento, 2018, p. 172-197.

BERCOVICI, Gilberto. *Desigualdades regionais, Estado e Constituição.* São Paulo: Max Limonad, 2003.

BERCOVICI, Gilberto. Federalismo e desenvolvimento regional no Brasil. *In:* SCHOUERI, Luís Eduardo. *Direito tributário*: homenagem a Paulo de Barros Carvalho. São Paulo: Quartier Latin; 2008, p. 889-905.

BEVILACQUA, Lucas. *Incentivos fiscais de ICMS e desenvolvimento regional.* São Paulo: Quartier Latin, 2013.

BORGES, José Souto Maior. *Teoria geral da isenção tributária.* 3. ed. São Paulo: Malheiros, 2001.

BRANDÃO JUNIOR, Salvador Cândido. *Federalismo e ICMS*: Estados-membros em "Guerra Fiscal". 2013. 193 f. Dissertação (Mestrado em Direito) – Faculdade de Direito da Universidade de São Paulo, São Paulo, 2013.

BRASIL. *Lei nº 302, de 13 de julho de 1948.* Estabelece normas para a execução do §2º do artigo 15 da Constituição Federal, na parte referente à tributação de lubrificantes e combustíveis líquidos. Rio de Janeiro, RJ. Disponível em http://www.planalto.gov.br/ccivil_03/leis/1930-1949/l302.htm. Acesso em 31 mai. 2022.

BRASIL. Supremo Tribunal Federal. *Segundo Julgamento no Recurso Extraordinário nº 21.504.* Rel. Min. Cândido Motta, 1ª T., j. 15 maio 1957, DJ 11 jul. 1957.

BRASIL. *Emenda Constitucional nº 5, de 21 de novembro de 1961.* Institui novas discriminações de renda em favor dos municípios brasileiros. Brasília, DF. Disponível em http://www.planalto.gov.br/ccivil_03/constituicao/emendas/emc_anterior1988/emc05-61.htm. Acesso em 31 mai. 2022.

BRASIL. *Emenda Constitucional nº 10, de 09 de novembro de 1964.* Altera os artigos 5º, 15, 29, 141, 147 e 156 da Constituição Federal. Brasília, DF. Disponível em http://www.planalto.gov.br/ccivil_03/constituicao/emendas/emc_anterior1988/emc10-64.htm. Acesso em 31 mai. 2022.

BRASIL. *Decreto-Lei nº 1.106, de 16 de junho de 1970.* Cria o Programa de Integração Nacional, altera a legislação do impôsto de renda das pessoas jurídicas na parte referente a incentivos fiscais e dá outras providências. Brasília, DF. Disponível em http://www.planalto.gov.br/ccivil_03/decreto-lei/1965-1988/del1106.htm. Acesso em 31 mai. 2022.

REFERÊNCIAS | 109

BRASIL. *Decreto-Lei nº 1.179, de 6 de julho de 1971*. Institui o Programa de Redistribuição de Terras e de Estímulo à Agro-indústria do Norte e do Nordeste (PROTERRA), altera a legislação do imposto de renda relativa a incentivos fiscais e dá outras providências. Brasília, DF. Disponível em http://www.planalto.gov.br/ccivil_03/decreto-lei/1965-1988/del1179.htm. Acesso em 31 mai. 2022.

BRASIL. *Lei Complementar nº 24, de 04 de janeiro de 1975*. Dispõe sobre os convênios para a concessão de isenções do imposto sobre operações relativas à circulação de mercadorias, e dá outras providências. Brasília, DF. Disponível em http://www.planalto.gov.br/ccivil_03/leis/lcp/lcp24.htm. Acesso em 31 mai. 2022.

BRASIL. *[Constituição (1988)]. Constituição da República Federativa do Brasil de 1988. Brasília, DF: Presidência da República.*. Disponível em: http://www.planalto.gov.br/ccivil_03/constituicao/constituicao.htm. Acesso em 31 mai. 2022.

BRASIL. *Lei Complementar nº 101, de 04 de maio de 2000*. Estabelece normas de finanças públicas voltadas para a responsabilidade na gestão fiscal e dá outras providências. Brasília, DF. Disponível em: http://www.planalto.gov.br/ccivil_03/leis/lcp/lcp101.htm. Acesso em 31 mai. 2022.

BRASIL. *Lei Complementar nº 116, de 31 de julho de 2003*. Dispõe sobre o Imposto Sobre Serviços de Qualquer Natureza, de competência dos Municípios e do Distrito Federal, e dá outras providências. Brasília, DF. Disponível em http://www.planalto.gov.br/ccivil_03/leis/lcp/lcp116.htm. Acesso em 31 mai. 2003.

BRASIL. Supremo Tribunal Federal. *Medida Cautelar em Ação Direta de Inconstitucionalidade nº 2.377*. Pleno, j. 22 fev. 2001, pub. 07 nov. 2003.

BRASIL. Supremo Tribunal Federal. *Ação Direta de Inconstitucionalidade nº 1.423*, Rel. Min. Joaquim Barbosa, Pleno, j. 16 maio 2007, DJe-032 08 jun. 2007.

BRASIL. Supremo Tribunal Federal. *Recurso Extraordinário nº 572.762*. Rel. Min. Ricardo Lewandowski, Pleno, j. 18 jun. 2008, DJe-167 05 set. 2008.

BRASIL. Conselho Nacional de Política Fazendária. *Protocolo ICMS 21/11*. Estabelece disciplina relacionada à exigência do ICMS nas operações interestaduais que destinem mercadoria ou bem a consumidor final, cuja aquisição ocorrer de forma não presencial no estabelecimento remetente. Brasília, DF. Disponível em https://www.confaz.fazenda.gov.br/legislacao/protocolos/2011/pt021_11. Acesso em 31 mai. 2022.

BRASIL. Supremo Tribunal Federal. *Recurso Extraordinário nº 566.621*. Rel. Ellen Gracie, Pleno, j. 04 ago. 2011, DJe-195 11 out. 2011.

BRASIL. Senado Federal. *Resolução nº 13, de 2012*. Estabelece alíquotas do Imposto sobre Operações Relativas à Circulação de Mercadorias e sobre Prestação de Serviços de Transporte Interestadual e Intermunicipal e de Comunicação (ICMS), nas operações interestaduais com bens e mercadorias importados do exterior. Brasília, DF. Disponível em: http://www.planalto.gov.br/ccivil_03/_Ato2011-2014/2012/Congresso/RSF-13-2012.htm. Acesso em 31 mai. 2022.

BRASIL. Supremo Tribunal Federal. *Embargos de Declaração em Ação Direta de Inconstitucionalidade nº 3.794.* Rel. Min. Roberto Barroso, Pleno, j. 18 dez. 2014, DJe-036 25 fev. 2015.

BRASIL. Supremo Tribunal Federal. *Ação Direta de Inconstitucionalidade nº 4.628.* Pleno, j. 17 set. 2014, DJe-230 17 set. 2014

BRASIL. *Emenda Constitucional nº 87, de 16 de abril de 2015.* Altera o §2º do art. 155 da Constituição Federal e inclui o art. 99 no Ato das Disposições Constitucionais Transitórias, para tratar da sistemática de cobrança do imposto sobre operações relativas à circulação de mercadorias e sobre prestações de serviços de transporte interestadual e intermunicipal e de comunicação incidente sobre as operações e prestações que destinem bens e serviços a consumidor final, contribuinte ou não do imposto, localizado em outro Estado. Brasília, DF. Disponível em http://www.planalto.gov.br/ccivil_03/constituicao/emendas/emc/emc87.htm. Acesso em 31 mai. 2022.

BRASIL. Receita Federal do Brasil. *A Solução de Consulta COSIT nº 166, de 22 de junho de 2015.* Disponível em: http://normas.receita.fazenda.gov.br/sijut2consulta/link.action?id Ato=65684&visao=anotado. Acesso em: 11 out. 2021.

BRASIL. Receita Federal do Brasil. *Instrução Normativa nº 1.599, de 11 de dezembro de 2015.* Disponível em: http://normas.receita.fazenda.gov.br/sijut2consulta/link.action?idAto=70249. Acesso em: 11 out. 2021.

BRASIL. Supremo Tribunal Federal. *Recurso Extraordinário nº 705.423.* Rel. Min. Edson Fachin, Pleno, j. 23 nov. 2016, DJe-020 05 fev. 2018.

BRASIL. Supremo Tribunal Federal. *Ação Direta de Inconstitucionalidade por Omissão nº 25.* Rel. Min. Gilmar Mendes, Pleno, j. 30 nov. 2016, DJe-18 18 ago. 2017.

BRASIL. Supremo Tribunal Federal. *Ação Cível Originária nº 758,* Rel. Min. Marco Aurelio, Pleno, j. 19 dez. 2016, DJe-168 01 ago. 2017.

BRASIL. *Lei Complementar nº 157, de 29 de dezembro de 2016.* Altera a Lei Complementar nº 116, de 31 de julho de 2003, que dispõe sobre o Imposto Sobre Serviços de Qualquer Natureza, a Lei nº 8.429, de 2 de junho de 1992 (Lei de Improbidade Administrativa), e a Lei Complementar nº 63, de 11 de janeiro de 1990, que "dispõe sobre critérios e prazos de crédito das parcelas do produto da arrecadação de impostos de competência dos Estados e de transferências por estes recebidos, pertencentes aos Municípios, e dá outras providências". Brasília, DF. Disponível em http://www.planalto.gov.br/ccivil_03/leis/lcp/lcp157.htm. Acesso em 31 mai. 2022.

BRASIL. *Lei Complementar nº 160, de 07 de agosto de 2017.* Dispõe sobre convênio que permite aos Estados e ao Distrito Federal deliberar sobre a remissão dos créditos tributários, constituídos ou não, decorrentes das isenções, dos incentivos e dos benefícios fiscais ou financeiro-fiscais instituídos em desacordo com o disposto na alínea "g" do inciso XII do §2º do art. 155 da Constituição Federal e a reinstituição das respectivas isenções, incentivos e benefícios fiscais ou financeiro-fiscais; e altera a Lei nº 12.973, de 13 de maio de 2014. Brasília, DF. Disponível em http://www.planalto.gov.br/ccivil_03/leis/lcp/lcp160.htm. Acesso em 31 mai. 2022.

REFERÊNCIAS | 111

BRASIL. Supremo Tribunal Federal. *Agravo Regimental em Ação Cível Originária nº 2.254*. Rel. Min. Luiz Fux, 1ª T., j. 20 out. 2017, DJe-252 07 nov. 2017.

BRASIL. Superior Tribunal de Justiça. *Súmula 615*, primeira seção, j. 09 maio 2018, DJe 14 maio 2018.

BRASIL. Supremo Tribunal Federal. *Ação Direta de Inconstitucionalidade nº 6.211*. Rel. Marco Aurélio, Pleno, j. 04 dez. 2019, DJe-109 05 maio 2020.

BRASIL. Supremo Tribunal Federal. *Ação Direta de Inconstitucionalidade nº 5.929*, j. 14 fev. 2020, DJe 06 mar. 2020.

BRASIL. Supremo Tribunal Federal. *Recurso Extraordinário nº 1.016.605*. Pleno, j. 16 set. 2020, DJe-293 16 dez. 2020.

BRASIL. Supremo Tribunal Federal. *Ação Direta de Inconstitucionalidade nº 5.374*. Rel. Roberto Barroso, Pleno, j. 24 fev. 2021, DJe-047 12 mar. 2021.

BRASIL. Supremo Tribunal Federal. *Recurso Extraordinário nº 1.167.509*. Pleno, j. 01 mar. 2021, DJe-050 16 mar. 2021.

BRASIL. Supremo Tribunal Federal. *Recurso Extraordinário nº 607.886*. Rel. Min. Marco Aurélio, Pleno, j. 17 maio 2021, DJe 101 27 maio 2021.

BRIXI, Hana Polackova. Managing Tax expenditures: policy options. *In:* BRIXI, Hana Polackova; VALENDUC, Christian N. A.; SWIFT, Zhicheng Li (ed.). *Tax expenditures*: shedding light on government spending through the tax system. Washington (US): The World Bank, 2004, p. 227-233.

BROWN, Colin. Tax expenditures in Australia. *In:* BRIXI, Hana Polackova; VALENDUC, Christian N. A.; SWIFT, Zhicheng Li (ed.). *Tax expenditures*: shedding light on government spending through the tax system. Washington (US): The World Bank, 2004, p. 45-61.

CALDERARO, Francisco Roberto Souza. *Incentivos fiscais*: sua natureza jurídica. São Paulo: Aduaneiras, 1980.

CARRAZZA, Elisabeth Nazar. *IPTU e progressividade, igualdade e capacidade contributiva*. 2. ed. São Paulo: Quartier Latin, 2015.

CARRAZZA, Roque Antonio. Princípio federativo e tributação. *Iustitia*, v. 47, n. 130, p. 162-180, jul./set. 1985.

CARRAZZA, Roque Antonio. *Curso de direito constitucional tributário*. 22. ed. São Paulo: Malheiros, 2006.

CARVALHO, André Castro. *Vinculação de receitas públicas*. São Paulo: Quartier Latin, 2010.

CARVALHO, Osvaldo Santos de; MARTINELLI, Luis Fernando dos Santos. A Lei Complementar nº 160 e seus reflexos nas administrações tributárias estaduais: será mesmo o fim da Guerra Fiscal? *In:* CONGRESSO NACIONAL DE ESTUDOS TRIBUTÁRIOS: RACIONALIZAÇÃO DO SISTEMA TRIBUTÁRIO, 14. *Anais*. São Paulo: Noeses, 2017, p. 945-963. Disponível em: https://www.ibet.com.br/wp-content/uploads/2018/06/LC-160-Prof.-Osvaldo.pdf. Acesso em: 5 ago. 2020.

CARVALHO, Paulo de Barros. A concessão de isenções ou benefícios fiscais no âmbito do ICMS. *In:* MARTINS, Ives Gandra da Silva; CARVALHO, Paulo de Barros. *Guerra Fiscal*: reflexões sobre a concessão de benefícios no âmbito do ICMS. São Paulo: Noeses, 2012, p. 23-94.

CARVALHO, Paulo de Barros. Princípio da segurança jurídica em matéria tributária. *Revista de Derecho de la Universidad Católica del Uruguay*, n. 1, p. 15-40, 2016.

CARVALHO PINTO, Carlos Alberto de. *Discriminação de rendas.* São Paulo: Prefeitura do Município de São Paulo, 1941.

CHIESA, Clelio. A Guerra Fiscal e o ISSQN. *In:* DERZI, Misabel Abreu Machado; BATISTA JUNIOR, Onofre; MOREIRA, André Mendes. *Estado federal e Guerra Fiscal no Brasil.* Belo Horizonte: Arraes, 2015, v. 3, p. 377-383.

CHIESA, Clélio. Isenção. *In:* CARVALHO, Paulo de Barros; VIEIRA, Maria Leonor Leite; LINS, Robson Maia. *Direito Tributário.* São Paulo: Pontifícia Universidade Católica de São Paulo, 2017. Disponível em: https://enciclopediajuridica.pucsp.br/verbete/290/edicao-1/isencao.

COMISSÃO DE REFORMA. Relatório. *In:* REZENDE, Fernando; AFONSO, José Roberto. *50 anos da Reforma Tributária Nacional*: origens e lições. Rio de Janeiro: FGV/IBRE, 2014, p. 5-160.

COMPARATO, Fábio Konder. Ordem econômica na constituição de 1988. *Revista de Direito Público.* São Paulo, v. 23, n. 93, p. 263-276, jan./mar. 1990.

CONTI, José Maurício. *Federalismo fiscal e fundos de participação.* São Paulo: Juarez de Oliveira, 2001.

CONTI, José Maurício. Plano Plurianual – PPA. *In:* MARTINS, Ives Gandra da Silva; MENDES, Gilmar Ferreira; NASCIMENTO, Carlos Valder (coord.). *Tratado de Direito Financeiro.* São Paulo: Saraiva, 2013, v. 1, p. 322-339.

CONTI, José Maurício. Benefícios fiscais, partilha de receitas e a "súmula-fantasma" do STF. *Consultor Jurídico*, 13 dez. 2016. Disponível em https://www.conjur.com.br/2016-dez-13/beneficios-fiscais-partilha-receitas-sumula-fantasma-stf. Acesso em: 09 ago. 2020.

CONTI, José Maurício. *O planejamento orçamentário da administração pública no Brasil.* São Paulo: Blucher, 2020.

CONTREIRAS DE CARVALHO, Anísio Astério. *Doutrina e aplicação do direito tributário.* São Paulo: Freitas Bastos, 1969.

COSTA, Alcides Jorge. Algumas ideias sobre uma reforma do sistema tributário brasileiro. *Direito Tributário Atual.* São Paulo: Resenha Tributária, v. 7-8, p. 1.733-1.768, 1987-1988.

COSTA, Alcides Jorge. Algumas ideias sobre uma reforma do sistema tributário brasileiro. *In:* OLIVEIRA, Ricardo Mariz de; COSTA, Sérgio de Freitas. *Diálogos póstumos com Alcides Jorge Costa.* São Paulo: IBDT, 2017, p. 375-379.

REFERÊNCIAS | 113

COUTO E SILVA, Almiro do. Responsabilidade extracontratual do Estado no direito brasileiro. *Revista da Procuradoria Geral do Estado do Rio Grande do Sul*, n. 57, p. 149-170, dez. 2003.

COUTO E SILVA, Almiro do. O princípio da segurança jurídica no direito público brasileiro e o direito da administração pública de anular seus próprios atos administrativos: o prazo decadencial do art. 54 da Lei do Processo Administrativo da União. *In:* COUTO E SILVA, Almiro do. *Conceitos fundamentais do direito no Estado constitucional.* São Paulo: Malheiros, 2015, p. 43-90.

CRETELLA JUNIOR, José. Responsabilidade do Estado por ato legislativo. *Revista de Direito Administrativo*. Rio de Janeiro, v. 153, p. 15-34, jan. 1983.

DALLAVERDE, Alexandra Katia. *As transferências voluntárias no modelo constitucional brasileiro.* São Paulo: Blucher, 2016.

DERZI, Misabel de Abreu Machado. Aspectos essenciais do ICMS, como imposto de mercado. *In:* SCHOUERI, Luís Eduardo; ZILVETI, Fernando Aurelio (coord.). *Direito Tributário*: estudos em homenagem a Brandão Machado. São Paulo: Dialética, 1998, p. 116-142.

DERZI, Misabel de Abreu Machado. Repartição de receitas tributárias: finanças públicas: normas gerais e orçamentos. *Revista da Faculdade de Direito*. Belo Horizonte, n. 33, p. 351-402, 1991.

DERZI, Misabel de Abreu Machado. Guerra Fiscal, Bolsa Família e silêncio (relações, efeitos e regressividade). *Revista Jurídica da Presidência*. Brasília, v. 16, n. 108, p. 39-64, 2014.

DI PIETRO, Maria Sylvia Zanella. *Direito Administrativo*. 28. ed., São Paulo: Atlas, 2015.

DOMINGUES, José Marcos. "Texto da comunicação do Autor no II Congresso Internacional de Direito Tributário da Cidade do Rio de Janeiro", 9 a 11 de maio de 2007. *Revista Nomos*, edição comemorativa dos 30 anos do Mestrado em Direito da UFC, v. 26, p. 137-143, jan./jun. 2007.

ELALI, André. *O federalismo fiscal brasileiro e o Sistema Tributário Nacional*. São Paulo: MP Editora, 2004.

ESTORNINHO, Maria João. *A fuga para o direito privado*: contributo para o estudo da atividade de direito privado da Administração Pública. Coimbra: Almedina, 2009.

FÉ, Raquel Mousinho de Moura. A repartição de rendas entre os entes da federação e sua repercussão na caracterização do federalismo brasileiro: uma investigação acerca do desenvolvimento do federalismo fiscal-financeiro no Brasil. *Revista Brasileira de Políticas Públicas*. Brasília, v. 5, n. 1, p. 93-114, 2015.

FERNANDES, Andressa Guimarães Torquato. *Royalties do petróleo e orçamento público*: uma nova teoria. São Paulo: Blucher, 2016.

FERRAZ JÚNIOR, Tércio Sampaio. Guerra Fiscal, fomento e incentivo na Constituição Federal. *In:* SCHOUERI, Luís Eduardo; ZILVETI, Fernando Aurelio (coord.). *Direito Tributário:* estudos em homenagem a Brandão Machado. São Paulo: Dialética, 1998, p. 275-285.

FOLLONI, André. A Guerra dos Portos e a Resolução Senatorial nº 13/2012: Direito Tributário e desenvolvimento nacional em lados opostos. *In:* DERZI, Misabel Abreu Machado; BATISTA JUNIOR, Onofre; MOREIRA, André Mendes. *Estado federal e Guerra Fiscal no Brasil.* Belo Horizonte: Arraes, 2015, v. 3, p. 269-286.

GABARDO, Emerson; RIBEIRO, Marcelo Miranda. Individualismo fiscal e solidariedade: a difícil harmonia no federalismo competitivo brasileiro. *In:* DERZI, Misabel Abreu Machado; BATISTA JUNIOR, Onofre; MOREIRA, André Mendes. *Estado federal e Guerra Fiscal no Brasil.* Belo Horizonte: Arraes, 2015, v. 4, p. 43-68.

GAMA, Tácio Lacerda. *Competência tributária:* fundamentos para uma teoria da nulidade. São Paulo: Noeses, 2009.

GIAMBIAGI, Fábio; ALÉM, Ana Cláudia. *Finanças públicas:* teoria e prática no Brasil. 4. ed. Rio de Janeiro: Elsevier, 2011.

GOUVEIA, Carlos Marcelo. *Federalismo, crise fiscal dos Estados e o ICMS em evolução.* 2021. 206 f. Tese (Doutorado em Direito) – Faculdade de Direito, Universidade de São Paulo, 2021.

GRAU, Eros Roberto. *Planejamento econômico e regra jurídica.* 1977. 262 p. Tese (Livre Docência em Direito) – Faculdade de Direito, Universidade de São Paulo, 1977.

HARADA, Kiyoshi. Repartição de receitas. *In:* MARTINS, Ives Gandra da Silva; MENDES, Gilmar Ferreira; NASCIMENTO, Carlos Valder do. *Tratado de Direito Financeiro.* São Paulo: Saraiva, 2013, v. 2, p. 50-70.

HELENE, Helio. *Responsabilidade do Estado por ato legislativo.* São Paulo: Saraiva, 2011.

HESSE, Konrad. *Elementos de direito constitucional da República Federal da Alemanha.* Porto Alegre: Sergio Antônio Fabris, 1998.

HORTA, Raul Machado. Problemas do federalismo brasileiro. *Revista da Faculdade de Direito da Universidade Federal de Minas Gerais,* v. 9, p. 68-88, 1957.

HORTA, Raul Machado. As novas tendências do federalismo e seus reflexos na Constituição brasileira de 1988. *Revista do Legislativo.* Belo Horizonte: Assembleia Legislativa do Estado de Minas Gerais, n. 25, p. 14-25, jan./mar. 1999.

HORVATH, Estevão. Orçamento público e planejamento. *In:* BANDEIRA DE MELLO, Celso Antônio (org.) *Estudos em homenagem a Geraldo Ataliba:* direito tributário. São Paulo: Malheiros, 1997, p. 119-134.

HORVATH, Estevão. A isenção trazida pelo art. 3, II, da Lei Complementar 87/96. *Revista de Direito Tributário.* São Paulo, n. 71, p. 30-33, 1998.

HORVATH, Estevão. *O princípio do não-confisco no direito tributário.* São Paulo: Dialética, 2002.

REFERÊNCIAS | **115**

HORVATH, Estevão. Le partage du pouvoir fiscal au Brésil. *Revue Française de Finances Publiques*. Paris : Librairie Générale de Droit et de Jurisprudence, n. 100 : Nouvelle gouvernance financière publique : grands enjeux de demain, 2007.

HORVATH, Estevão. *O direito tributário no contexto da atividade financeira do Estado*. 221 p. Tese (Titularidade em Direito) – Faculdade de Direito da Universidade de São Paulo, São Paulo, 2009.

HORVATH, Estevão. *O orçamento no século XXI*: tendências e expectativas. 2014. 418 p. Tese (Titularidade em Direito) – Faculdade de Direito, Universidade de São Paulo, São Paulo, 2014.

HORVATH, Estevão. Não cumulatividade e o estorno dos créditos nas hipóteses de incentivos fiscais concedidos sem convênio. *Revista de Direito Tributário*. São Paulo, n. 123, p. 38-42, 2015.

HORVATH, Estevão. O equilíbrio orçamentário e o orçamento deficitário. *In:* COÊLHO, Marcus Vinicius Furtado; ALLEMAND, Luiz Claudio; ABRAHAM, Marcus. *Reponsabilidade fiscal*: análise da Lei Complementar 101/2000. Brasília: OAB, 2016, p. 239-259.

HORVATH, Estevão. Poder Executivo e orçamento público. *In:* LEITE, George Salomão; STRECK, Lenio; NERY JR., Nelson. *Crise dos poderes da república*. São Paulo: RT, 2017, p. 989-1.005.

HORVATH, Estevão. A atividade financeira do Estado. *In:* ALVIM, Eduardo Arruda; LEITE, George Salomão; STRECK, Lênio. *Curso de direito constitucional*. Florianópolis: Tirant lo Blanch, 2018, p. 1.003-1.019.

HORVATH, Estevão. A questão do "incentivo com o chapéu alheio" entre União e Estados: RE 705.423/SE, Tema 653/RG-STF. *In:* SCAFF, Fernando Facury et al. (org.). *Federalismo (s)em juízo*. São Paulo: Noeses, 2019, p. 575-588.

HORVATH, Estevão; PINHEIRO, Hendrick. Imunidade recíproca e os serviços públicos na visão do Supremo Tribunal Federal. *In:* FRATTARI, Rafhael; LOBATO, Valter. (org.). *30 anos da Constituição Federal de 1988*. Belo Horizonte: Arraes, 2019, v. 1, p. 201-216.

HORVATH, Estevão; ALMEIDA, Marcelo Signorini Prado de. Competência constitucional para atribuição da responsabilidade tributária. *In:* ABREU, Anselmo Zilet; DANIEL NETO, Carlos Augusto; COSTA, Márcio Cesar (org.). *Direito constitucional tributário e tributação municipal*: estudos em homenagem à Professora Elizabeth Nazar Carrazza. São Paulo: Quartier Latin, 2021, p. 133-154.

HORVATH, Estevão; PINHEIRO, Hendrick. A inconstitucionalidade das taxas de fiscalização recursos hídricos – TFRH (ADI 6211/AP e ADI 5374/PA): avanços e perspectivas para as taxas de polícia ambiental. *In:* BERNARDES, Flávio Couto; MATA, Juselder Cordeiro da; LOBATO, Valter de Souza. *ABRADT*: estudos em homenagem ao professor José Souto Maior Borges. Belo Horizonte: Arraes, 2021.

HUTCHINSON, Tomás. *Tratado jurisprudencial y doctrinario*: derecho administrativo, responsabilidad del Estado. Buenos Aires: La Ley, 2010.

JARACH, Dino. *Curso superior de derecho tributario*. Buenos Aires: Liceo Profesional Cima, 1969.

KELSEN, Hans. *Jurisdição constitucional*. São Paulo: Martins Fontes, 2003.

KHAMIS, Renato Braz Mehanna; SARTORI, Ivan Ricardo Garisio. O impacto do federalismo sanitário brasileiro na efetividade do direito à saúde. *Revista Brasileira de Políticas Públicas*. Brasília, v. 7, n. 2, p. 302-312, 2017.

LIMA, Rogério. Incentivo Tributário. *In:* MACHADO, Hugo de Brito (coord.). *Regime jurídico dos incentivos fiscais*. São Paulo: Malheiros, 2015, p. 482-506.

LOUGHLIN, Martin. *Foundations of Public Law*. Oxford: Oxford University Press, 2010.

MADISON, James. Conformidade do plano proposto com os princípios republicanos. Exame de huma objecção. *In:* HAMILTON, Alexander; MADISON, James; JAY, John. *O federalista*: t. 2. Rio de Janeiro: Typ. Imp. e Const. de J Villeneuve e Comp., 1840.

MANEIRA, Eduardo. *Direito tributário*: princípio da não surpresa. Belo Horizonte: Del Rey, 1994.

MANGABEIRA, João. *Em torno da constituição*. 2. ed. Rio de Janeiro: Forense, 2019.

MARINS, Daniel Vieira; OLIVEIRA, Gustavo da Gama Vital de. Competição tributária ou Guerra Fiscal? Do plano internacional à lei complementar n. 160/2017. *Revista Estudos Institucionais – REI*, v. 4, n. 1, p. 158-185, ago. 2018.

MARQUES NETO, Floriano de Azevedo. Fomento. *In:* DI PIETRO, Maria Sylvia Zanella (coord.). *Funções administrativas do Estado*. São Paulo: Revista dos Tribunais, 2015, v. 4, p. 403-508.

MARQUES NETO, Floriano de Azevedo; PINHEIRO, Hendrick. A impossibilidade de desvinculação de receita de doação ao Fundo Municipal da Criança e do Adolescente. *Revista de Direito Administrativo*. Rio de Janeiro, v. 279, n. 2, p. 59-77, ago. 2020.

MARTINS, Ives Gandra da Silva. Política municipal de incentivos fiscais e financeiros: limites da Constituição e da Lei de Responsabilidade Fiscal: autonomia financeira, administrativa e política das unidades federativas. *Revista Dialética de Direito Tributário*, n. 186, p. 126-143, mar. 2011.

MARTINS, Ives Gandra da Silva. Estímulos fiscais no ICMS e a unanimidade constitucional. *In:* MARTINS, Ives Gandra da Silva; CARVALHO, Paulo de Barros. *Guerra Fiscal*: reflexões sobre a concessão de benefícios no âmbito do ICMS. São Paulo: Noeses, 2012, p. 1-22.

MELLO, Celso de. Responsabilidade civil do Estado: lei inconstitucional: indenização. *Revista de Direito Administrativo*. Rio de Janeiro, v. 189, p. 305-306, jul. 1992.

MELLO, Celso de. Ato legislativo: inconstitucionalidade: responsabilidade civil do Estado. *Revista de Direito Administrativo*. Rio de Janeiro, v. 191, p. 175-177, jan. 1993.

MELLO, Cristiana De Santis M. de F. Federação: é hora de inverter o ônus argumentativo. *Revista Brasileira de Direito Público – RBDP*. Belo Horizonte, v. 9, n. 33, p. 161198, abr./jun. 2011.

REFERÊNCIAS | 117

MONTEIRO FILHO, Edison do Rêgo. Problemas de responsabilidade civil do Estado. *In:* FREITAS, Juarez de (org.). *Responsabilidade civil do Estado.* São Paulo: Malheiros, 2006, p. 37-69.

MOREIRA, André Mendes. O federalismo brasileiro e a repartição de receitas tributárias. *In:* MOREIRA, André Mendes; DERZI, Misabel; BATISTA JÚNIOR, Onofre Alves (org.). *Estado federal e tributação*: das origens à crise atual. Belo Horizonte: Arraes, 2015, v. 1, p. 151-170.

MOREIRA NETO, Diogo Figueiredo. *Curso de direito administrativo*: parte introdutória. 12. ed. Rio de Janeiro: Forense, 2001.

NEVES, Luís Fernando de Souza. *Cofins.* São Paulo: Max Limonad, 1997.

NUNES, Castro. Responsabilidade civil do Estado: declaração de inconstitucionalidade. *Revista de Direito Administrativo.* Rio de Janeiro, v. 20, p. 42-45, maio 1950.

OATES, Wallace E. An Essay on Fiscal Federalism. *Journal of Economic Literature*, v. 37, n. 3, p. 1.120-1.149, set. 1999.

OLIVEIRA, Regis Fernandes de; HORVATH, Estevão. *Manual de direito financeiro.* 2. ed. São Paulo: RT, 1997.

OLIVEIRA, Ricardo Mariz de. Comentários de Ricardo Mariz de Oliveira. *In:* OLIVEIRA, Ricardo Mariz de; COSTA, Sérgio de Freitas (coord.). *Diálogos póstumos com Alcides Jorge Costa.* São Paulo: IBDT, 2017, p. 375-379.

OLIVEIRA, Vanessa Elias de. Poder Judiciário: árbitro dos conflitos constitucionais entre estados e união. *Lua Nova: Revista de Cultura e Política*, n. 78, p. 223-250, 2009.

OLIVER, Philip D. *Tax Policy*: Readings and Materials. New York: Thomson-West, 2004.

ORTEGA, Ricardo Rivero. *Derecho administrativo económico.* 5. ed. Madri: Marcial Pons, 2009.

ORTIZ, Gaspar Ariño. *Principios de derecho público económico.* Granada: ARA, 1999.

PINHEIRO, Hendrick. Planejamento e controle: uma reflexão sobre ética. *Revista Contas Abertas*, v. 3, n. 3, p. 24-27, 2017.

PINHEIRO, Hendrick; SANTOS, Marcela de Oliveira. Planejamento e federalismo na constituição de 1988: os desafios da ordem urbanística. *In:* COELHO, Diva Julia Safe; FERREIRA, Rildo Mourão; COELHO, Saulo de Oliveira Pinto. *Direito e sustentabilidade nos 30 anos da Constituição.* Florianópolis: Tirant Lo Blanch, 2018, p. 51-72.

PINHEIRO, Hendrick. Imposto sobre serviços advocatícios. *In:* ABREU, Anselmo Zilet; DANIEL NETO, Carlos Augusto; COSTA, Márcio Cesar (org.). *Direito constitucional tributário e tributação municipal*: estudos em homenagem à Professora Elizabeth Nazar Carrazza. São Paulo: Quartier Latin, 2021, p. 221-240.

PINHEIRO, Hendrick. *Transação tributária, planejamento e controle.* Belo Horizonte: Fórum, 2021.

PINHEIRO, Hendrick; CALIL, Ana Luíza. La produzione di vaccini e l'ordinamento costituzionale brasiliano: le sfide della Federazione nella pandemia del Covid-19. *Osservatorio AIC*, f. 1, p. 80-100, 2022. Disponível em: https://www.osservatorioaic.it/it/osservatorio/ultimi-contributi-pubblicati/hendrick-pinheiro/la-produzione-di-vaccini-e-l-ordinamento-costituzionale-brasiliano-le-sfide-della-federazione-nella-pandemia-del-covid-19. Acesso em 10 fev. 2022.

POZAS, Luis Jordana de. Ensayo de una teoría del fomento en el derecho administrativo. *Revista de Estudios Politicos*, n. 48, p. 44-54, 1949.

QUEIROZ, Mary Elbe; QUEIROZ, Antônio Elmo. Guerra Fiscal e segurança jurídica. *In:* MOREIRA, André Mendes; DERZI, Misabel; BATISTA JÚNIOR, Onofre Alves (org.). *Estado federal e Guerra Fiscal no Brasil.* Belo Horizonte: Arraes Editores, 2015, v. 3, p. 59-75.

RIBAS, Lídia Maria; PINHEIRO, Hendrick. Transação tributária como política pública e a importância do gasto tributário como critério de controle. *Nomos: Revista do Programa de Pós-Graduação em Direito da UFC*, v. 38, n. 2, p. 231-272, jul./dez. 2018.

RIBEIRO, Ricardo Lodi. Pacto federativo e reforma tributária. *Revista de Direito Administrativo*, v. 222, p. 87-96, 2000.

RIBEIRO, Ricardo Lodi. Do federalismo dualista ao federalismo de cooperação: a evolução dos modelos de Estado e a repartição do poder de tributar. *Revista Interdisciplinar de Direito*, v. 16, n. 1, p. 335-362, jan./jun. 2018.

ROSENBLATT, Paulo; DE SOUZA LEÃO, Caio. A crise do federalismo brasileiro e as consequências para os Municípios dos incentivos fiscais em tributos partilhados: a (im) possibilidade de uma solução judicial. *Revista de Direito da Cidade*, v. 10, n. 4, p. 2.487-2.510, dez. 2018.

RÖSLER, Tiago Braga. *Pacto ou impacto federativo?* A influência da renúncia fiscal do estado do Mato Grosso na autonomia financeira dos Municípios. 144 p. Dissertação (Mestrado em Direito) – Instituto Brasiliense de Direito Público, Brasília, 2019.

ROTHMANN, Gerd Willi. Tributação do consumo: reflexões sobre uma reforma tributária economicamente racional e viável. *In:* DERZI, Misabel Abreu Machado; BATISTA JUNIOR, Onofre; MOREIRA, André Mendes. *Estado federal e Guerra Fiscal no Brasil.* Belo Horizonte: Arraes, 2015, v. 4, p. 21-42.

RUBINSTEIN, Flavio. *Boa-fé objetiva no direito tributário e financeiro.* São Paulo: Quartier Latin, 2010.

SAMPÁIO DÓRIA, Antônio Roberto. Autonomia dos Municípios. *Revista da Faculdade de Direito da Universidade de São Paulo*, v. 24, p. 419-432, 1928.

SAMPAIO DÓRIA, Antônio Roberto. *Discriminação de rendas tributárias.* São Paulo: José Bushatsky, 1972.

SAMPAIO DÓRIA, Antônio Roberto. *Direito constitucional tributário e due process of law.* Rio de Janeiro: Forense, 1986.

SILVA, Gerson Augusto da. *Sistema Tributário Brasileiro.* Brasília: ESAF, 1986.

SILVA, José Afonso da. *O constitucionalismo brasileiro*: evolução institucional. São Paulo: Malheiros, 2011.

SILVA, Paulo Roberto Coimbra. Conflitos federativos (Guerra Fiscal) em torno do IPVA e possíveis soluções. *In:* DERZI, Misabel Abreu Machado; BATISTA JUNIOR, Onofre; MOREIRA, André Mendes. *Estado federal e Guerra Fiscal no Brasil*. Belo Horizonte: Arraes, 2015, v. 3, p. 315-328.

SOUSA, Rubens Gomes de; ATALIBA, Geraldo; CARVALHO, Paulo de Barros. *Comentários ao Código Tributário Nacional*: parte geral. São Paulo: RT, 1975.

SOUZA, Adalberto Pimentel Diniz de. A mecânica do federalismo. *Revista de Informação Legislativa*. Brasília, n. 165, p. 169-176, jan./mar. 2005.

SOUZA, Rubens Gomes de. Os impostos sobre o valor acrescido no sistema tributário. *Revista de Direito Administrativo*, v. 110, p. 17-26, 1972.

SURREY, Stanley S. Tax Incentives as a Device for Implementing Government Policy: A Comparison with Direct Government Expenditures. *Harvard Law Review*, v. 83, n. 4, p. 705-738, fev. 1970.

TELLES JR., Goffredo. Discriminação constitucional de fontes de receita tributária. *Revista de Direito Público*. São Paulo: RT, n. 4, p. 125-144, 1968.

TER-MINASSIAN, Teresa. Brazil. *In:* TER-MINASSIAN, Teresa. (ed.). *Fiscal Federalism in Theory and Practice*. Washington: Internation Monetary Fund, 1997, p. 438-456.

TILBERY, Henry. Base econômica e efeito das isenções. *In:* SAMPAIO DÓRIA, Antônio Roberto (coord.). *Incentivos para o desenvolvimento*. São Paulo: José Bushatski, [197-], p. 17-67.

TOMÉ, Fabiana Del Padre. A extrafiscalidade tributária como instrumento para concretizar políticas públicas. *In:* SANTI, Eurico Marcos Diniz de. *Tributação e desenvolvimento*: homenagem ao Professor Aires Barreto. São Paulo: Quartier Latin, 2011, p. 193-212.

TOMÉ, Fabiana Del Padre. A Guerra Fiscal no ISSQN: a delimitação do estabelecimento do prestador e critérios para a quantificação da base de cálculo. *In:* DERZI, Misabel Abreu Machado; BATISTA JUNIOR, Onofre; MOREIRA, André Mendes. *Estado federal e Guerra Fiscal no Brasil*. Belo Horizonte: Arraes, 2015, v. 3, p. 345-360.

TORRES, Heleno Taveira. *Direito constitucional tributário e segurança jurídica*. São Paulo: RT, 2004.

TORRES, Heleno Taveira. *Direito constitucional tributário e segurança jurídica*. 2. ed. São Paulo: RT, 2012.

TORRES, Heleno Taveira. *Teoria da constituição financeira*. 2014. 864 p. Tese (Titularidade em Direito) – Faculdade de Direito, Universidade de São Paulo, São Paulo, 2014.

VARSANO, Ricardo. O Sistema Tributário de 1967: adequado ao Brasil de 80? *Pesquisa e Planejamento Econômico*. Rio de Janeiro, v. 11, n. 1, p. 203-227, abr. 1981.

VARSANO, Ricardo. Guerra Fiscal do ICMS: quem ganha e quem perde. *Planejamento e Políticas Públicas*, n. 15, 2009. Disponível em: http://www.ipea.gov.br/ppp/index.php/PPP/article/view/127. Acesso em: 2 nov. 2021.

VELLOSO, Carlos. Estado Federal e Estados Federados na Constituição de 1988: do equilíbrio federativo. *Revista de Direito Administrativo*. Rio de Janeiro, v. 187, p. 1-36, jan. 1992.

VILLELA, Luiz Arruda. *Gastos tributários e justiça fiscal*: o caso do IRPF no Brasil. 1981. 97 p. Dissertação (Mestrado em Economia) – Departamento de Economia, Pontifícia Universidade Católica do Rio de Janeiro, Rio de Janeiro, 1981.

ZIMMERMANN, Augusto. Federação: conceito e características. *In:* ALVIM, Eduardo Arruda; LEITE, George Salomão; STRECK, Lênio. *Curso de direito constitucional*. Florianópolis: Tirant lo Blanch, 2018, p. 465-478.

Esta obra foi composta em fonte Palatino Linotype, corpo 10
e impressa em papel Pólen Soft 70g (miolo) e Supremo 250g (capa)
pela Gráfica Formato.